Umbauhof

Ein Ort für die Wiederverwendung von Bauteilen

Architektur Raumburgenland
asphalt / Kollektiv für Architektur (Hrsg.)

Inhalt

Vorwort

Umbau ist das Wort der Stunde in der architektonischen Gegenwart, die sich nicht länger über Expansion und Neubau definieren kann. Umgebaut wurde immer schon – aus Pragmatismus oder Notwendigkeit – neu ist nicht der Umbau selbst, sondern der historische Moment, in dem er zur zentralen kulturellen und politischen Aufgabe wird. Spätestens seit dem Pariser Klimaabkommen hat sich der Fokus deutlich in diese Richtung verschoben: Universitäre Lehrpläne werden umgeschrieben, Förderlogiken angepasst, kommunale Strategien neu formuliert. Umbau ist nicht länger Ausnahme, sondern Voraussetzung.

Doch so eindeutig der Ruf nach zirkulärer Baukultur geworden ist, so unklar bleiben oft seine räumlichen und organisatorischen Bedingungen. Genau hier setzt das Projekt „Umbauhof" an – als Infrastruktur, um den Übergang von einer linearen zu einer zirkulären Baupraxis möglich zu machen.

Der Umbauhof lässt an Ort und Tätigkeit zugleich denken. Der Begriff lehnt sich an den kommunalen Bauhof an – ein in Österreich geläufiger Ausdruck für die operativen Zentren der Gemeinden: Orte für Fuhrparks, Werkstätten, Lager und Personal, an denen Instandhaltung und laufender Betrieb öffentlicher Räume organisiert werden. Sie sind funktional, randständig und auf Effizienz ausgerichtet – unverzichtbar, aber selten sichtbar.

Der Umbauhof ist eine Erweiterung des Bauhofs, welche Nikolaus Gartner in seiner Einleitung näher beschreibt: als niedrigschwellige Struktur, die *Zwischen Bauhof und Müllplatz* ansetzt und genau dort eingreift, wo Wert bislang verloren geht. Andrea Kessler legt in *Ressource, Verantwortung, Wandel* die gesellschaftliche Tiefenschicht dieser Verschiebung offen: Sie zeichnet die kulturelle Entwicklung von der Entstehung des Abfalls bis zur Ausbildung eines eigenen Wirtschaftszweigs nach und pocht auf die gesellschaftliche Verantwortung für den Wandel. Dietrich Erben erweitert den Ressourcendiskurs über das Bauteil hinaus: *Es gibt kein leeres Grundstück* zeigt, dass jede bauliche Intervention immer auch ein Umbau historisch, ökologisch und sozial geprägter Flächen ist. Philipp Kitzberger vertieft *Die Zeitlichkeit einer nachhaltigen Materialpraxis*, indem er Nachhaltigkeit nicht als geschlossenen Kreis, sondern als Frage von Rhythmus und zeitlicher Verantwortung liest.

Mit dem politischen bzw. regulatorischen Kontext beschäftigen sich die Beiträge von Elena Boerman und Dirk E. Hebel, Marie Grützner sowie Stefanie Roithmayr und Georg Hofmann. *Weniger Treibhausgasemissionen durch Wiederverwendung* zeigt, dass Bestandserhalt der wirksamste Hebel zur Reduktion grauer Emissionen im Bauwesen ist. Die Perspektive der öffentlichen Hand wird in *Das kommunale Rohstofflager der Zukunft* weitergedacht, während *Wenn Materialien weiterleben* den Blick auf die regulatorischen Rahmenbedingungen zirkulären Planens und Bauens richtet.

Hermann Czech befreit *Umbau und Wiederverwendung zum Klimaschutz* aus dem Status der Notlösung. Wo dabei die Architektur selbst bleibt, verhandelt Astrid Staufer in *Schönheit im Wandel.* Wiederverwendung erscheint hier nicht als ästhetischer Verlust, sondern als Voraussetzung einer neuen Schönheit.

Dass Umbau praktiziert und erlebt werden muss, zeigt Claudia Bosse, indem sie *Performance als Transformation* begreift. Diese Perspektive spiegelt sich auch in den Beiträgen von asphalt wider, die im Rahmen der *Architekturtage* Bauhöfe für eine begrenzte Zeit performativ zu Pop-up-Umbauhöfen erweitert haben. In *Skizze einer Intervention* wird die choreografische Planung des Umbauhofs festgehalten; die *Berichte von vor Ort* dokumentieren, wie Sammlung und Vermittlung von Bauteilen sichtbar wurden, während *asphalt im Gespräch* diese Erfahrungen im Dialog verdichtet und reflektiert.

Anlass für diese Publikation waren die Erfahrungen und das unerwartet große Interesse an den performativ durchgeführten Umbauhöfen. Die temporären Interventionen legten ein Themenfeld frei und machten dessen gesellschaftliche und räumliche Relevanz spürbar. Zugleich standen sie für uns stellvertretend für eine weitreichendere Idee: den Umbauhof als dauerhafte öffentliche Infrastruktur des Umbaus. Was im temporären Format erprobt wurde, verweist auf ein langfristiges Modell, wie in *Eine geteilte Infrastruktur des Umbaus* ausgeführt wird.

Dieses Buch versammelt keine abschließenden Antworten, sondern unterschiedliche Perspektiven auf eine gemeinsame Aufgabe. Es versteht den Umbauhof als Modell, das zeigt, wie der Übergang zu einer zirkulären Baupraxis konkret organisiert, kulturell verhandelt und architektonisch gestaltet werden kann.

Abb. 1 *(S. 6–7)*
Nummeriert und dokumentiert. Videostill: Umbauhof Eisenstadt.

Abb. 2 *(S. 8–9)*
Aufbauen und vorbereiten. Videostill: Umbauhof Eisenstadt.

Abb. 3 *(S. 10–11)*
Ankunft der Materialien und Bauteile. Videostill: Umbauhof Strem.

Abb. 4 *(S. 12–13)*
Infrastruktur und Landschaft. Videostill: Umbauhof Strem.

Abb. 5 *(S. 14–15)*
Materialsortierung. Videostill: Umbauhof Eisenstadt.

Abb. 6 *(S. 16–17)*
Material im Umlauf. Videostill: Umbauhof Strem.

Abb. 7 *(S. 18)*
Ziegeltransport. Videostill: Umbauhof Eisenstadt.

Einleitung: Zwischen Bauhof und Müllplatz

Nikolaus Gartner

Eine 100 Meter lange Schlange wartet vor der Abfallsammelstelle in Strem im Südburgenland: Autos mit Anhängern, Traktoren mit Ladeflächen, volle Kofferräume. Einmal im Monat sperrt der Mistplatz auf, Andrang herrscht, um den Abfall vom Ausmisten, von der Gartenpflege oder vom Hausumbau zu entsorgen. Es staut sich, weil die fortzubringenden Gegenstände erst von den Mitarbeiter:innen der Abfallsammelstelle gesichtet, in unterschiedliche Abfallkategorien getrennt und in den entsprechenden, dafür vorgesehenen Mulden entsorgt werden.

Dieses Mal mit dabei: das Team von asphalt/Kollektiv für Architektur, in weißen Overalls von Weitem deutlich erkennbar gekleidet, vermeintlich den Stau vergrößernd, doch in Wahrheit die Arbeit am Mistplatz verringernd. Kofferräume werden geöffnet und voll beladene Anhänger durchforstet, Gegenstände daraus gezielt ausgewählt und – noch bevor diese in Gefahr geraten, entsorgt zu werden – entgegengenommen.

Diese Objekte wurden temporär aus dem Müllkreislauf entfernt, der sich doch unter heutigen, gegenwärtigen Herausforderungen weniger als Kreislauf denn als Einbahnstraße definiert, auf dem Mistplatz gesammelt, gereinigt, repräsentativ wie in einem Schauarchiv aufgelegt, vermessen, fotografisch aufgenommen, katalogisiert und fiktiv zur Entnahme wieder angeboten. Besucher:innen der Abfallsammelstelle passierten neugierig, musterten die ausgestellten Objekte mit Anmut, wunderten sich über die Qualität und brauchbare Beschaffenheit der Gegenstände, die entsorgt werden hätten sollen („Wie kann man nur sowas wegschmeißen?"). Kastenfenster, die nur neue Verglasungen benötigen, historische Holztüren

1 Im Burgenland fallen jährlich ca. 230 000 Tonnen Bauschutt an. In der Annahme, dass ein Einfamilienhaus ca. 300 Tonnen wiegt und der Bauschutt zu 100 Prozent wieder verwendbar sei, könnten daraus jährlich ca. 800 Einfamilienhäuser gebaut werden.

freistil architektur. „Der Umbauhof als Marke“. Wettbewerbsbeitrag im Rahmen des Umbauhof-Auswahlverfahrens 2024.

mit schmiedeeisernen Beschlägen, stabförmige Holzwerkstoffe, keramische Sanitärgegenstände, Möbel aus Vollholz, intakte Beleuchtungskörper und ganze Ziegel zählten zu jenen Bauteilen und Baustoffen, die asphalt vor der Entsorgung „gerettet“ hatte und nun gut wahrnehmbar präsentierte. Der Wert der Gegenstände, die zuvor als wertlos und Abfall angesehen worden waren, erschloss sich den Passant:innen sofort.

Ausgangspunkt für dieses Feldexperiment waren die *Architekturtage 2024*, ein bundesweites Festival für Baukultur, das von der Architekturstiftung Österreich organisiert und von den einzelnen Architekturhäusern in Österreich alle zwei Jahre kuratiert wird. Unter dem Titel „Geht's noch? Planen und bauen für eine Gesellschaft im Umbruch“ wurden die Themen der Bauwende einer breiten Öffentlichkeit vermittelt. Im Zuge dessen startete der Architektur Raumburgenland das Pilotprojekt „Umbauhof“: Anstatt im Baumarkt neue Materialien zu kaufen und am Müllplatz alte zu entsorgen, sollen am Umbauhof Baustoffe gesammelt, getrennt, sortiert, aufbereitet und zur Entnahme angeboten werden. Der Schwerpunkt liegt dabei auf der Wiederverwendung von Bauteilen. Umbauhöfe sind als Hybrid aus Abfallsammelstelle und Bauhof gedacht, die regional und dezentral – womöglich in jeder Gemeinde – angelegt werden. Als öffentliche, lokale Stellen sollen sie den lokalen Bewohner:innen und Akteur:innen im Bauwesen die Wiederverwendung von Materialien und Bauteilen einfach ermöglichen. Land und Kommunen können so Vorbild und Vorreiter der Kreislaufwirtschaft werden.

Dass die Bauwirtschaft zu den größten Verursachern von Abfall zählt und Bestandsgebäude in den meisten Fällen abgerissen, gänzlich entsorgt und durch Neubauten ersetzt werden, ist bekannt. Planungskonventionen sehen eine limitierte Dauerhaftigkeit von Gebäuden und Bauteilen vor, eine Nachnutzung der Materialien und Bauteile ist nach Ablauf ihrer geplanten Lebenszyklen nicht vorgesehen. Zunehmende ökologische Krisen und verschwenderischer Ressourcenverbrauch erfordern einen Paradigmenwechsel: Lehre, Forschung und Praxis beschäftigen sich intensiver mit Kreisläufen im Bauwesen und einer vorausschauenden Planung, die über die Lebenszyklen von Gebäuden hinausgehen. Bestandsgebäude werden zu Rohstoffquellen und Häuser werden aus wiederverwendeten Bauteilen errichtet. Besonders in ländlichen Regionen – mit der dortigen, stetigen Baudynamik, den kleinen Projektdimensionen und der überschaubaren Anzahl an Projektbeteiligten – besteht ein besonderer Hebel, eine Umbaupraxis und Bauteilwiederverwendung strukturell zu etablieren.[1]

Bauhöfe existieren in beinahe allen Gemeinden auf dem Land. Als öffentliche Einrichtung sind sie zuständig für die Instandhaltung von öffentlichem Gut, wie Straßen und Plätzen, Gebäuden und Grünanlagen. Sie übernehmen den Winterdienst, die Ortsreinigung und zum Teil die

Abfallentsorgung. Aufgabenbereiche können sich je nach Gemeinde unterscheiden und ebenso forstwirtschaftliche Tätigkeiten oder Straßenbauarbeiten umfassen. Bauhöfe dienen zudem als Lagerplätze für Baumaterial, als Zwischenlager für Materialien, die bei öffentlichen Bautätigkeiten rückgebaut werden (z.B. Pflastersteine), sowie als Abstellort für den Fuhrpark und Gerätschaften, die im Rahmen dieser Tätigkeiten gebraucht werden. Manche Gemeinden führen Abbruch- und Rückbauarbeiten durch, andere sammeln auch Baumaterialien, die sie aus Abbruchhäusern entnehmen und für den eigenen Gebrauch wiederverwenden. Die Mitarbeiter:innen von Bauhöfen entstammen fachlich verschiedenen Berufen, wie dem Straßenbau, der Landschaftspflege oder anderen handwerklichen Tätigkeiten. Als öffentliche Bedienstete stehen der Gemeinde handwerklich geschulte Personen zur Verfügung, deren Aufgabe die Pflege der öffentlichen Infrastruktur ist.

Abfallsammelstellen hingegen existieren nicht in jeder Gemeinde, jedoch bestehen überörtliche Müllplätze sowie ein Netz an regionalen Sammelstellen mit einer diversifizierten Trennung. Des Weiteren dienen zentrale Umladestationen der überregionalen Entsorgung des lokalen Abfalls – eine komplexe logistische Struktur in öffentlicher Hand. Darüber hinaus übernehmen regionale Abfallbetriebe die Aufgabe der Abfallberatung und sind für Bewusstseinsbildung zuständig.

Mit dem Bauhof steht eine lokale Struktur zur Verfügung, die Flächen, Gerät und Personal besitzt sowie eine Schnittstelle zu Abfallsammelstellen bildet. Letztere wiederum sind Teil eines regionalen Netzwerks und werden von Expert:innen der Abfallwirtschaft betreut. Könnten an diesen öffentlichen, zentralen Stellen nicht auch Abbrucharbeiten gesteuert, die daraus gewonnenen Ressourcen aufbereitet, Bauteile repariert, Leerstand reaktiviert und Altbestand saniert werden? Mitarbeiter:innen von Bauhöfen arbeiten an der Pflege und Instandhaltung von Gebäuden und Straßen. Wäre es nicht möglich, deren Tätigkeitsfelder zu erweitern? Wenn die Kreislaufwirtschaft im Bauwesen mit all ihren Effekten der Reduktion von Abfall, des Energieverbrauchs und des Verkehrs als öffentliches Interesse gesehen wird, vermag der Bauhof als vorhandene kommunale Einrichtung womöglich schneller zur Bauwende führen, als uns bewusst ist und wir uns das von der Privatwirtschaft erwarten.

Spielen wir mit dem Gedanken, den Bauhof zu einem Umbauhof umzubauen, so eröffnen sich weitere Handlungsfelder, die eine solche öffentliche Infrastruktur leisten könnte: Wenn Mitarbeiter:innen des Umbauhofs sich mit der Wiederverwendung und Reparatur von Bauteilen aus Bestandsgebäuden beschäftigen, dann kann dies ein Ort sein, der Know-how zur Wiederherstellung von Bauteilen und Gebäuden sammelt, dokumentiert, vermittelt, erforscht und anwendet. Können im Rahmen dieser Wissensplattform nicht mehr gebräuchliche und verloren gegangene Handwerkstechniken eine Wiederbelebung erfahren und durch die öffentliche Zugänglichkeit dieser Sanierungen und Reparaturen zugleich eher in Betracht gezogen werden?

Der Umbauhof stellt (noch) kein fertiges Konstrukt dar. Er ist Gedankenmodell und Initiative für eine breite Umsetzung des zirkulären Bauens im ländlichen Raum. Das Team von asphalt begegnete dieser Aufgabe – den Umbauhof als Feldexperiment temporär umzusetzen – mit einem performativen Konzept. Damit konnte es im Auswahlverfahren überzeugen, das der Architektur Raumburgenland gestaltete und deren Vorstandsmitglieder gemeinsam mit Andrea Kessler von der materialnomaden gmbh und Thomas Schlögl, dem heutigen Geschäftsführer des Burgenländischen Müllverbands (BMV), als Juror:innen entschieden. Im Frühjahr 2024 startete das Projekt mit Aktionen in unterschiedlichen Abfallsammelstellen vor Ort im Burgenland und wurde zu den im Juni traditionell stattfindenden *Architekturtagen* mit einer Ausstellung in der Architekturgalerie in Eisenstadt öffentlich präsentiert. Die Ausstellung zeigte zum einen die Projektergebnisse, zum anderen wurden anhand gesammelter und aufbereiteter Bauteile die Potenziale dargelegt. Mit diesem Buch bekommt das Feldexperiment eine weitere, dokumentarische Veröffentlichung mit dem Ziel, die großartige Idee und Initiative des Umbauhofs weiterzuführen und einer couragierten Öffentlichkeit weiterzugeben.

Nikolaus Gartner,
künstlerische Leitung des Architektur Raumburgenlands

Ressource, Verantwortung, Wandel

Andrea Kessler

Im Namen des Vorhabens „Umbauhof" stecken die Absicht, der Wille und die Notwendigkeit für eine Umgestaltung des gesellschaftlichen Umgangs mit dem Thema Ressourcennutzung. Dabei lässt der Begriff viel Spielraum für verschiedene Ideen, wie wir diese in eine neue Vision – ein Bild für die Zukunft – packen.

Sieht man sich die bisherigen Entwicklungen an, ist Umbau (anstatt Neubau) die schnellste Methode zur Erreichung des Ziels von Netto-Null-CO_2-Emissionen in der Baubranche. Wenn wir von der (Weiter-)Entwicklung unserer urbanen und ruralen Räume sprechen, wenn wir uns die Zahlen der versiegelten Flächen ansehen und uns das Volumen des umbauten Raums pro Einwohner:in vor Augen führen, dann ist der Umgang mit dem Bestehenden ein sehr wichtiger Schritt. Parallel dazu beschäftigt sich ein Teil der Baubranche intensiv mit der Entwicklung von nachwachsenden und biogenen Rohstoffen, um sich der natürlichen Baustoffe in einem verträglichen Maß zu bedienen und den Einsatz mineralischer und anderer, nicht regenerativer Baustoffe zu optimieren. Weiters ist über das Design und die Materialqualität eine lange Nutzungsdauer zu erzielen, wobei die Zerlegbarkeit von Baustoffen mitgedacht und die Prozessgestaltung für eine Weiterverwendung von Sekundärstoffen in Umsetzung gebracht werden kann.

Vermeiden und Reduzieren – das sind die Begriffe, die noch immer bei diversen Nachhaltigkeitsstrategien und Konzepten verhältnismäßig

1 Der österreichische Ressourcenverbrauch überschritt im Jahr 2025 bereits am 29. März jene Grenze, ab der mehr Rohstoffe und ökologische Leistungen beansprucht werden, als innerhalb eines Jahres regenerierbar sind. Der verbleibende Jahresverbrauch erfolgt damit rechnerisch zulasten zukünftiger Generationen.

Earth Overshoot Day. https://overshoot.footprintnetwork.org (6.2.2026).

2 „Müll“. www.duden.de/rechtschreibung/Muell (8.2.2026).

3 „Müll“. www.dwds.de/wb/Müll (8.2.2026).

Abb. 8 Bildschirme und Monitore werden getrennt gesammelt, um Schadstoffe fachgerecht zu entsorgen und Metalle sowie Kunststoffe zurückzugewinnen.

Abb. 9 Unbeschichtetes Altholz im Sammelbereich wird häufig zu Spanplatten weiterverarbeitet.

selten auftauchen. Hier stehen wir, wenn überhaupt, erst am Anfang eines Kulturwandels, der – solange er nicht von *außen* erzwungen wird – keine Umsetzung erfährt. Hier hängt die Gesellschaft gerne noch dem System des neoliberalen Kapitalismus an und damit dem menschlichen Streben nach immer mehr, größer, schneller und billiger. Stetiges Wachstum und Überwohlstand gehen einher mit dem weiterhin steigenden Ressourcenverbrauch an Rohstoffen und Flächen, der nicht nur für Umwälzungen im ökologischen System des Planeten Erde sorgt, sondern anhand dessen wir unseren humanverträglichen Lebensraum unterwandern.[1]

DER BEGRIFF „MÜLL“ UND DIE ORGANISIERTE ABFALLWIRTSCHAFT

Mit dem Aufkommen der sesshaften Gemeinschaften entstand Überfluss, es entstanden Reste, Abfälle – wir nennen sie heute Müll. Der Beginn von Ackerbau, Viehzucht, Materialherstellung, Gerätenutzung, Kleiderweberei, Brennereien von Tonwaren war also auch der Beginn der Abfallproduktion. Das Wort Müll („mittelniederdeutsch mül, zu mittelhochdeutsch müllen, althochdeutsch mullen = zerreiben“[2]) bezieht sich auf Staub, Schutt, Unrat.[3] Die Etymologie zeigt uns, dass schon im Frühmittelalter Begriffe für Dinge existierten, die man als unnütz betrachtete, wegfegte oder beseitigte.

Abb. 8

Abb. 9

Im Mittelalter und in der frühen Neuzeit war Wegwerfen anders strukturiert: Viele Dinge wurden repariert, wiederverwendet, organische Abfälle oft lokal kompostiert oder schlicht liegen gelassen.

Mit wachsender Bevölkerungszahl, zunehmendem Handel und Handwerk wuchs auch die Menge der verwendeten Materialien und damit der ungenutzten Reste. Der heute so geläufige Begriff „Müll“ in seiner modernen Bedeutung – also als routinemäßig anfallende Abfälle, die systematisch gesammelt, getrennt, entsorgt oder verwertet werden – ist relativ jung.

Spätestens im 19. und beginnenden 20. Jahrhundert, mit der Industrialisierung, der Urbanisierung und der steigenden Produktion sogenannter Waren, begann man sich in Europa und somit auch in Österreich, organisiert um Abfallprobleme zu kümmern. Neue Technologien führten zu neuen Materialien (Kunststoffe, synthetische Stoffe, langlebige Verbundmaterialien), sodass vieles nicht mehr einfach verwittert und nicht kompostiert werden kann.

Abb. 10
Faserzementplatten werden derzeit überwiegend deponiert und nur in geringem Umfang recycelt.

Abb. 11
Sanitärarmaturen bestehen häufig aus Messing oder Kupfer und können als Sekundärrohstoffe wiederaufbereitet werden.

GESELLSCHAFTLICHER WANDEL: ÜBERFLUSS, BESITZ, GLOBALITÄT

Mit steigendem Wohlstand, wachsender Produktion und dem Konsumverhalten verändert sich nun auch die Art, wie wir Dinge besitzen, nutzen und aufgeben. Vieles wird heute hergestellt, um ersetzt zu werden, nicht unbedingt, um für Jahrzehnte Dienst zu tun. Produkte sind nicht mehr reparaturfreundlich entworfen. Die teure Arbeitszeit, um Reparaturen durchzuführen, rechnet sich im ersten Vergleich mit einem neuen, billigen Wegwerfprodukt nicht. Doch wenn die Lebensdauer des billigeren mit einem hochwertigen, reparierbaren Teil dazugerechnet wird, sieht die ökonomische Bewertung schon ganz anders aus. Mittlerweile fehlt jedoch das Wissen oder tatsächlich auch das passende Ersatzteil: Was zu ersetzen, zu ergänzen ist, ist nicht mehr verfügbar.

Abb. 10

Dabei wären wir mittlerweile in der Lage, genau diese Teile schnell, einfach und kostengünstig herzustellen. Plotter-Technologien und CNC-Maschinen ermöglichen es, individuell Reparaturen aus technischer Perspektive durchzuführen. Über die Do-it-yourself-Ansätze und neue Geschäftsmodelle kann eine Kultur des Weiterverwendens entstehen, die in Communitys und Repair-Cafés bereits erprobt wird. Mit den oben beschriebenen Gerätschaften bieten solche Orte die Möglichkeit, nötige Ersatzteile selbst herzustellen, Kleinstproduktionen zu starten und einen Konterpart zur Massenware und zum seriell gefertigten Produkt zu setzen. Derzeit fehlt den meisten Konsument:innen noch das nötige Wissen, das Angebot und vor allem auch die Kultur, sich selbst zu ermächtigen, etwas selbst zu reparieren. Genau hier setzt das Konzept des Umbauhofs an: Als regionale Stelle beginnt er direkt bei den Konsument:innen, zeigt vor Ort auf, hinterfragt und überdenkt: „Ist das Objekt, dessen ich mich hier, bei der Abfallsammelstelle entledigen möchte, wirklich nichts mehr wert? Könnte es für jemand anders nützlich sein?"

Abb. 11

Gibt es vor dem Schritt des Wegwerfens mögliche Strategien, mit anderen in Austausch zu kommen – der Bastler mit der Kreativen, der Schnelllebige mit der Handwerkerin, die Ungeschickten mit den Tüftler:innen und

Abb. 12
Für Mineralwolle und andere künstliche Mineralfasern entstehen erste Recyclingstrukturen, um stoffliche Kreisläufe künftig zu schließen.

der Gelangweilte mit dem Gestressten? Unsere Gegenstände, die wir nutzen, besitzen und irgendwann zur Seite legen, sind so unterschiedlich geartet wie die menschlichen Charaktere. Ein spannender Austausch beginnt untereinander, wenn wir über Gegenstände sprechen. Es tauchen Geschichten auf, Zufälle, Zusammenhänge, und so passiert es, dass vermeintlich Sinnloses nun doch für Aufregung sorgt. Dieser Austausch fordert – im Tauschen, Präsentieren und Verscherbeln auch auf Flohmärkten – eine soziale Interaktion, und genau diese Interaktion kann auch an Orten wie dem Abfallzentrum, dem Bauhof oder anderen Sammelstellen entstehen. Sie kann ein einzelnes Ereignis innerhalb des Dorflebens sein oder Ausgangspunkt für eine neue Kultur, die in weiterer Folge auch zu einem wirtschaftlichen Mehrwert führen kann, in dem wir Prozesse erkennen, kreatives Potenzial am Material entfalten und Neues entstehen lassen.

DIE ALTSTOFFSAMMELSTELLE, DER MÜLLPLATZ UND DAS UMBAUHOF-KONZEPT

In kleineren Dörfern war lange Zeit die Form der Abfallentsorgung sehr schlicht: gemeinsame Gruben, offene Plätze, vielleicht ein zentraler „Müllplatz" oder ein Depot, wo Sperrmüll, Holzreste, Metallschrott abgelegt wurden. Dies geschah oft unorganisiert, lokal und ohne starkes Bewusstsein für stoffliche Trennung oder Kreislaufwirtschaft.

Mit der Zeit entstand der Bedarf, Strukturen zu schaffen: normierte Sammelstellen, meist durch Gemeinde oder Kommune betrieben, zum Einsammeln von Glas, Papier, Metall u. a., später auch Problemstoffsammlung (z. B. Farben, Öle, Batterien), Prozesse, die eine regelmäßige Restmüllabfuhr, Deponierung oder Müllverbrennung benötigen.

Durch das stetige Wachsen der Städte, Regionen, Verkehrsnetze und Versorgungssysteme ist der Wirtschaftszweig der Abfallindustrie in den letzten Jahren zu einem großen, eigenständigen System angewachsen. Er hat sich als eigene Branche etabliert und die Konsumgesellschaft um das Produkt Abfall bereichert. Zugleich wurde mit den Dienstleistungen des Sortierens, Sammelns, Transportierens, Entsorgens und Recyclings eine neue Wertschöpfung geschaffen und der Begriff des Sekundärrohstoffs etabliert.

Abb. 12

Doch all dies passiert im System der schnelllebigen Wegwerfgesellschaft, die immer schneller mehr Rezyklat produziert und sich zugleich zu einer kreislauforientierten Wirtschaft hin entwickeln will, deren Ziel es ist, keinen Abfall mehr anfallen zu lassen. Wie gelangen wir zu einer Wertschöpfung, die Potenziale von bereits im Umlauf befindlichen Produkten und Materialien erkennt, um Kreisläufe zu schließen?

Der Umbauhof ist ein erster Schritt – vor allem in der Bewusstseinsbildung und im Schlagen von Brücken zwischen den beiden Wirtschaftszweigen: der Abfallwirtschaft und dem Bauwesen.

GESELLSCHAFTLICHE BEDEUTUNG UND HERAUSFORDERUNGEN AUF DEM WEG ZUR KREISLAUFWIRTSCHAFT

Wert und Perspektive: Was für den einen Müll ist, kann für den anderen eine Ressource sein. Alte Möbel, Geräte, Holzstücke, Steine, Fenster – all das kann neu interpretiert, repariert oder kreativ verwendet werden. Das Umbauhof-Konzept greift genau hier an: nicht nur wegwerfen, sondern umwandeln und nutzen.

In einer Gesellschaft, die auf unbegrenztem Verbrauch basiert, sind wirtschaftliches Wachstum, Umwelt und soziale Gerechtigkeit schwer in Einklang zu bringen. Effizienter Umgang mit Ressourcen heißt: weniger verschwenden, mehr wiederverwenden, reparieren, recyceln.

Während auf regulativer Ebene Rahmenbedingungen geschaffen werden müssen – gesetzlich, organisatorisch, kulturell – um Herstellerverantwortung, Rücknahme-, Pfand- und Sharingsysteme zu etablieren, können über die bestehenden Sammelstrukturen aktiv Bürger:innen einbezogen werden, um so zugleich Bildung und Bewusstseinsbildung kreativ und anhand von veranschaulichten Prototypen zu integrieren.

Die Förderung der Baukultur im Sinne eines ästhetischen und kulturellen Zugangs kann sehr gut und leicht über Materialien erreicht werden. Die Objekte tragen Geschichte, Arbeit, Gestaltung und Nutzen in sich. Sie haben oft einen ästhetischen Wert – vielleicht nicht im Hochglanzdesign, aber im Charakter, in der Patina, in der Funktion. Durch Kreativität kann aus dem, was sonst als „Müll" eingeordnet wird, etwas Neues entstehen – ein Möbelstück, ein Kunstwerk, ein Tragwerk, eine Fassade.

Der Umbauhof ist keine bloße Umschichtung alter Dinge zur Deponie, sondern ein Instrument eines neuen Umgangs mit dem, was wir besitzen, nutzen und wegwerfen. Er läutet das Ende der Wegwerfgesellschaft ein und bildet zugleich den Anfang einer neuen Kultur im Umgang mit dem Vorhandenen. Eine solche Kultur achtet auf den Lebenszyklus von Produkten und Materialien und erkennt, dass nicht jeder Gegenstand, der nutzlos scheint, wertlos ist. Bewohner:innen in Gemeinschaften und

Dörfern werden dabei unterstützt, Verantwortung zu übernehmen – auf persönlicher, kommunaler, politischer Ebene.

Für Dörfer, Gemeinden und Regionen wie das Burgenland gilt: Der Umbauhof ist ein Ort der Ordnung, der Kreativität und der Zukunft. Der Umbauhof hilft uns, nicht nur Abfall zu bewältigen, sondern zu lernen, was wir wirklich brauchen und was es heißt, Besitz und Ressourcen nachhaltig und mit Respekt vor der Natur zu gestalten.

Andrea Kessler,
Architektin bei materialnomaden und HarvestMAP

asphalt

Die Frage nach der Zukunft des Bauens ist im ländlichen Raum eng mit der Wiederentdeckung von Bestehendem verbunden. Als wir vom Architektur Raumburgenland eingeladen wurden, im Rahmen der *Architekturtage* einen temporären Umbauhof einzurichten, stellten sich grundlegende Fragen: Was ist überhaupt ein Umbauhof? Wie lässt sich in begrenzter Zeit eine solche Infrastruktur entwickeln? Und welchen Beitrag zur Transformation kann ein solcher Ort leisten?

Der Umbauhof reagiert auf die umfassendere Krise der Baupraxis. Global bildet der Bausektor den größten Anteil an klimaschädlichen Emissionen: Er ist für 38 Prozent des CO_2-Ausstoßes verantwortlich.[1] Bauen verursacht weltweit Ressourcenausbeutung, Umweltzerstörung und soziale Ungerechtigkeit in einem unvorstellbaren Ausmaß. Sichtbar wird dies in Österreich beispielsweise am Flächenverbrauch, durchschnittlich werden jedes Jahr 41 Quadratkilometer Boden neu in Anspruch genommen, das entspricht der Fläche von Eisenstadt.[2] Pro Tag sind das 16 Fußballfelder an wertvollen Wiesen und Wäldern, die für Straßen, Siedlungen, Deponien und Betriebsanlagen zerstört werden. Doch das ist nicht der einzige Effekt: Beinahe 77 Prozent des Abfalls, der in Österreich entsteht, kommen von Baustellen. Neben dem hohen Energieaufwand zur Entsorgung führt dieses Abfallaufkommen auch zur Errichtung weiterer Deponien und zusätzlichem Flächenverbrauch.[3]

Der Umbauhof verfolgt das Ziel, einen Paradigmenwechsel in der Baubranche voranzutreiben. Er soll ein Umdenken fördern, um für die

1 United Nations Environment Programme. „2020 Global Status Report for Buildings and Construction. Towards a Zero-Emission, Efficient and Resilient Buildings and Construction Sector“. Nairobi 2020.

2 Umweltbundesamt. „Dashboard Flächeninanspruchnahme“. www.umweltbundesamt.at/umweltthemen/boden/flaecheninanspruchnahme (25.6.2025).

3 Koi, Charlotte. „1.000 Deponien sind nicht genug – wie die Bauindustrie Boden verbraucht und Berge an Abfall entstehen lässt“. *Moment.at*. 14.7.2023. www.moment.at/story/muell-aushub-baustellen/ (6.2.2026).

Wiederverwendung von Bauteilen zu sensibilisieren und das Müllaufkommen aus der Bauwirtschaft zu reduzieren. Statt Baustoffe nach dem Abriss zu entsorgen, soll ihr Potenzial erkannt und gehoben, die Materialien sollen wiederverwendet werden – lokal, sichtbar und zugänglich für alle. Dabei handelt es sich um eine Form kommunaler Infrastruktur, die im Gegensatz zum zirkulären Bauen in städtischen Kontexten gezielt ländliche Regionen adressiert. In diesen wird, so unsere Beobachtung, traditionell viel um- und weitergebaut, während zugleich häufig große Vorbehalte gegenüber dem Gebrauch von Altem bestehen. Genau hier setzt der Umbauhof an – als Brücke zwischen handwerklicher Erfahrung und zukunftsfähigem Bauen.

Vor diesem Hintergrund verschob sich unser Zugang vom Beschreiben zum Erproben. Wir entschieden uns dafür, den Umbauhof nicht als abstraktes Modell oder theoretisches Konzept zu verhandeln, sondern als räumliche und soziale Praxis zu untersuchen. Ausgangspunkt waren dabei die Fragen: Was braucht ein Umbauhof? Wie funktioniert er? Welche Voraussetzungen sind notwendig? Und welche Rolle spielen bereits etablierte Strukturen?

Um darauf Antworten zu finden, begaben wir uns vor Ort, um eigene Erfahrungen zu sammeln. Der Umbauhof wurde zum analytischen Feldversuch, in dem Fragen der Wiederverwendung, der Organisation und der Akzeptanz unmittelbar und praktisch erprobt werden konnten.

Daraus entwickelte sich ein prozessorientierter Zugang: recherchieren, besuchen, dokumentieren, darstellen. Unser Vorgehen gliederten wir in mehrere Phasen, wobei der Ausgangspunkt, die sogenannte *Phase 0*, eine Recherche- und Beobachtungsphase war. Dabei ging es nicht nur um die Erhebung und Visualisierung bestehender Daten, sondern auch um das gezielte Knüpfen von Kontakten sowie die Identifikation von Akteur:innen, Initiativen und Bauteilbörsen, um Good-Practice-Beispiele sichtbar zu machen und vorhandenes Wissen aufzubereiten.

Wir setzten uns intensiv mit dem Burgenland und seinen bestehenden Infrastrukturen zur Müllverwertung auseinander. Wir besuchten den Burgenländischen Müllverband (BMV), führten Gespräche und dokumentierten sämtliche Bauhöfe, Umladestationen und Altstoffsammelzentren. Diese Recherche wurde in einer kartografischen Darstellung zusammengeführt, die das bestehende Sammelstellennetzwerk im Burgenland sichtbar macht und räumliche Zusammenhänge und Potenziale offenlegt (Abb. 13).

Parallel dazu analysierten wir das Abfallaufkommen in Österreich, um die Rolle des Bauwesens innerhalb des gesamten Abfallstroms einzuordnen (Abb. 14). Diese systemische Perspektive war entscheidend, um den

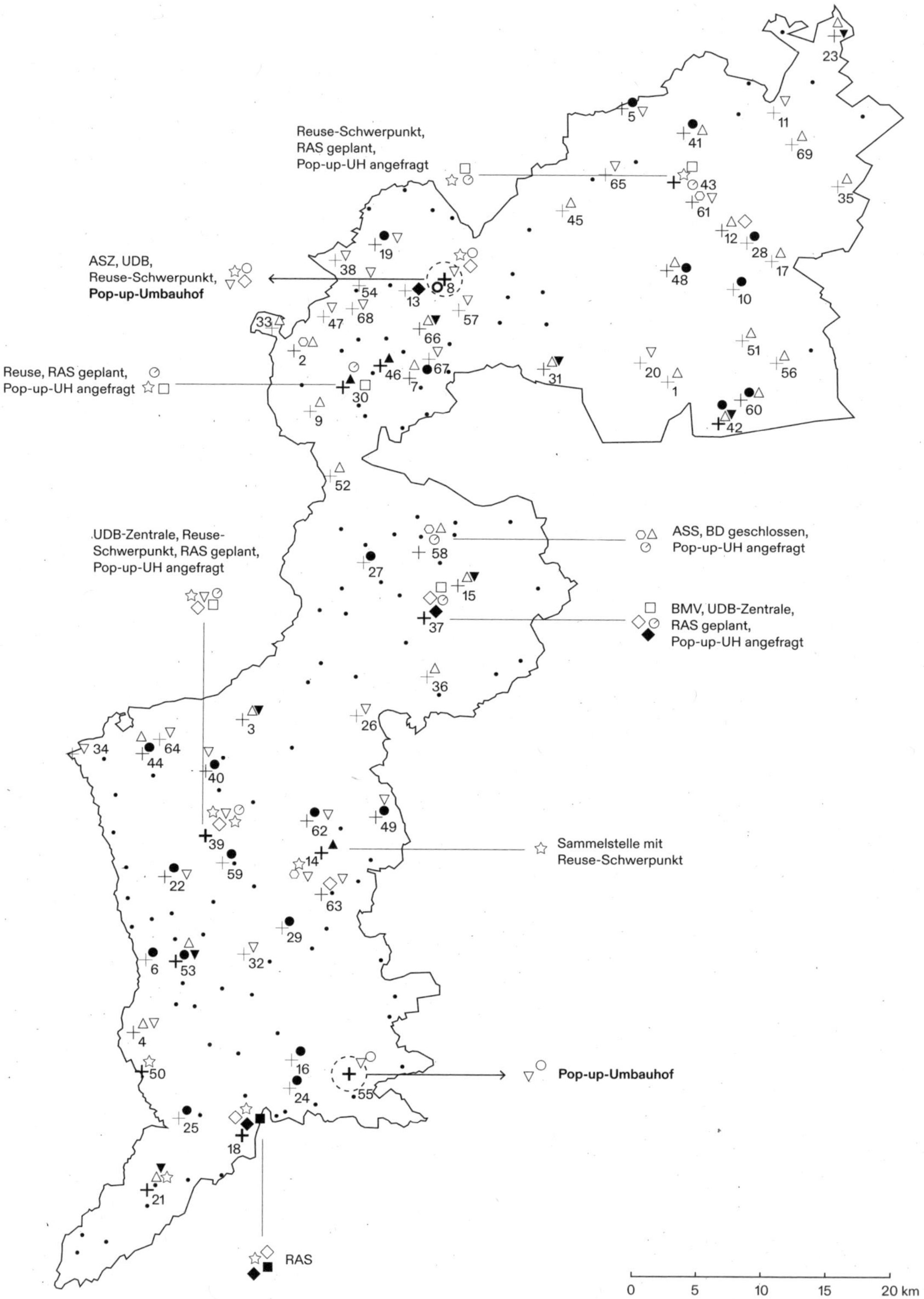
Reuse-Schwerpunkt,
RAS geplant,
Pop-up-UH angefragt
ASZ, UDB,
Reuse-Schwerpunkt,
Pop-up-Umbauhof
Reuse, RAS geplant,
Pop-up-UH angefragt
UDB-Zentrale, Reuse-
Schwerpunkt, RAS geplant,
Pop-up-UH angefragt
ASS, BD geschlossen,
Pop-up-UH angefragt
BMV, UDB-Zentrale,
RAS geplant,
Pop-up-UH angefragt
Sammelstelle mit
Reuse-Schwerpunkt
Pop-up-Umbauhof
RAS
0
5
10
15
20 km

Abb. 13
Netzwerk der Sammelstellen im Burgenland: Abfallsammelstellen, Bauhöfe, Ressourcenparks und Reuse-Strukturen.

- ● Bauhof (B)
- ○ Bauschutt-Deponie (BD)
- △ Altstoffsammelstelle (ASS)
- ▼ Problemstoffsammelstelle (PSS)
- ▽ Altstoffsammelzentrum (ASZ)
- ■ Ressourcenpark (RAS)
- □ Ressourcenpark (RAS) geplant
- ◆ Burgenländischer Müllverband (BMV)
- ◇ Umweltdienst Burgenland (UDB)
- ☆ Reuse-Schwerpunkt (R)
- ○ Pop-up-Umbauhof (UH)
- ⊙ Pop-up-Umbauhof (UH) angefragt

- **O** Landeshauptstadt
- • Bezirkshauptstadt/ Gemeinde mit unter 10 000 Einwohner:innen

- + Gemeinde mit einfacher Sammelstelle
- + Gemeinde mit Sammelstelle mit mindestens zwei Schwerpunkten
- **+** Gemeinde mit Sammelstelle mit mehreren Schwerpunkten oder Reuse-Schwerpunkt
- **+** Gemeinde mit RAS, Pop-up-Umbauhof

1. Apetlon, ASS
2. Bad Sauerbrunn, BD, ASS
3. Bernstein, Kalkgraben, ASS, PSS
4. Deutsch Kaltenbrunn, ASS, ASZ
5. Bruckneudorf, B, ASZ
6. Burgauberg-Neudauberg, B geschlossen
7. Draßburg, B, ASS
8. Eisenstadt, ASZ
9. Forchtenstein, ASS
10. Frauenkirchen, B
11. Gattendorf, ASZ
12. Gols, ASZ, UDB
13. Großhöflein, B
14. Großpetersdorf, ASZ, Reuse geschlossen
15. Großwarasdorf, ASS, PSS
16. Güssing, B
17. Halbturn, ASS
18. Heiligenkreuz, RAS
19. Hornstein, B, ASZ
20. Illmitz, ASZ
21. Jennersdorf, ASS, PSS
22. Kemeten, B, ASZ
23. Kittsee, ASS, PSS
24. Kleinmürbisch, B geschlossen
25. Königsdorf, B
26. Lockenhaus, ASZ
27. Markt Sankt Martin, B
28. Mattersburg, Reuse
29. Mischendorf, B
30. Mönchhof, B geschlossen
31. Mörbisch am See, ASS, PSS
32. Neuberg im Burgenland, ASZ
33. Neudörfl, ASS
34. Neufeld an der Leitha, ASZ
35. Neusiedl am See, B, Reuse, RAS geplant
36. Neustift an der Lafnitz, ASZ
37. Nickelsdorf, ASS
38. Oberloisdorf, ASS
39. Oberpullendorf, BMV, UDB
40. Oberschützen, ASZ, B
41. Oberwart, ASZ, RAS, Reuse, UDB
42. Pamhagen, B, ASS, PSS
43. Parndorf, B, ASS
44. Pinkafeld, B, ASS
45. Podersdorf am See, B, ASS
46. Pötteldorf, Reuse
47. Pöttsching, ASZ
48. Purbach am Neusiedler See, ASS
49. Rechnitz, B, ASZ
50. Rudersdorf, Reuse
51. Sankt Andrä am Zicksee, ASS
52. Sieggraben, ASS
53. Stegersbach, B, ASS, PSS
54. Steinbrunn, ASZ
55. Strem, ASZ
56. Tadten, ASS
57. Trausdorf an der Wulka, ASZ
58. Unterfrauenhaid, ASS, BD geschlossen
59. Unterwart, B
60. Wallern im Burgenland, B, ASS
61. Weiden am See, ASZ, BD
62. Weiden bei Rechnitz, ASZ, B geschlossen
63. Welgersdorf, ASZ, UDB
64. Wiesfleck, ASZ
65. Winden am See, ASZ
66. Wulkaprodersorf, ASS, PSS
67. Zagersdorf, ASZ
68. Zillingtal, ASZ
69. Zurndorf, ASS geschlossen

Umbauhof nicht als isolierte Maßnahme, sondern als potenziellen Eingriff in bestehende Stoffströme zu begreifen.

In diesem Zusammenhang wurde auch eine zentrale zeitliche Problematik des zirkulären Bauens deutlich: Rückbau- und Abbruchprozesse erfolgen meist unter hohem Zeitdruck, während die Wiederverwendung von Bauteilen Planung, Abstimmung und Vermittlung erfordert. Verfügbare Bauteile und konkrete Bauvorhaben fallen nur selten zeitlich zusammen. Der Umbauhof kann hier als vermittelnde Infrastruktur wirken – als räumlicher und zeitlicher Puffer, der Bauteile zwischenspeichert und ihre Weiterverwendung über einen längeren Zeitraum ermöglicht.

Abb. 14
Abfallstrom in Österreich: Primärabfälle nach Herkunft, Stoffgruppen und Behandlungswegen.

Ergänzend dazu erarbeiteten wir ein Schema zum zirkulären Bauen, das den Umbauhof als zentrale infrastrukturelle Schnittstelle zwischen Rückbau und Umbau positioniert (Abb. 15). Die damit verbundene inhaltliche Klärung – wie Bauteile wiederverwendet werden können, was zirkuläres Bauen konkret bedeutet und ob es unter realen Bedingungen praktikabel ist – erwies sich später als zentrales Werkzeug der Kommunikation bei den Pop-up-Umbauhöfen vor Ort.

Auf die Recherche- und Vernetzungsphase folgte die prototypische Erprobung. Um verschiedene Maßstäbe, Nutzungsszenarien und Mentalitäten zu erfassen, wählten wir zwei typologisch möglichst unterschiedliche Standorte aus: den Bauhof Eisenstadt, der infrastrukturell gut ausgestattet ist und über ein großflächiges Areal verfügt, und die Abfallsammelstelle in Strem, einer kleinen Gemeinde im Süden des Burgenlands.

Wir richteten unseren Pop-up-Umbauhof als temporäre Erweiterung der bestehenden Infrastruktur ein. Mit unserem transportablen Equipment stellten wir unterschiedliche Stationen und Tätigkeiten im Umbauhof dar. Auf Infotafeln präsentierten wir unsere Recherche zu Materialkreisläufen und zirkulären Bauweisen. Als zentrales Element stellten wir die Frage „Abfall oder Wertstoff?“ – eine Aufforderung zur Auseinandersetzung mit dem Material, seinen Geschichten und seinem Potenzial. Mit einem großen Banner markierten wir die Orte als experimentelle Umbauhöfe. Dort sammelten, sichteten und dokumentierten wir Materialien, führten Gespräche mit Besucher:innen und den Mitarbeiter:innen der Sammelstellen, luden zur Diskussion ein und machten durch gezielte Inszenierungen den verborgenen Wert von vermeintlichem Abfall sichtbar. So wurden die Materialien, die Menschen und die Geschichten vor Ort Teil einer kollektiven Erfahrung.

Wir begleiteten das Geschehen auf den Sammelstellen, beobachteten Abläufe und fragten nach: Was wird entsorgt und warum? Wer bringt welche Materialien, in welchem Zustand, mit welchem Wissen und welcher

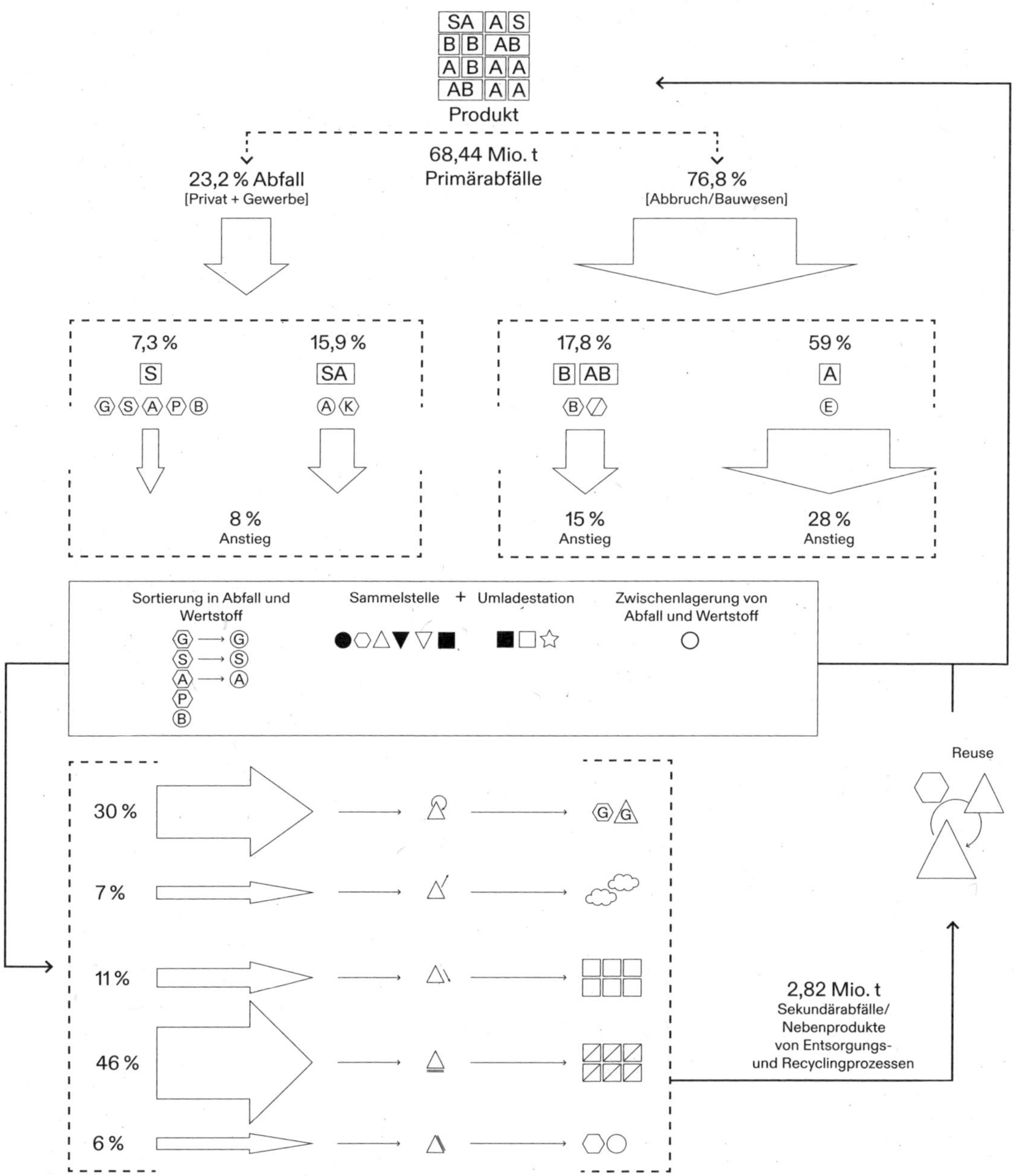

- ● Bauhof (B)
- ○ Bauschutt-Deponie (BD)
- △ Altstoffsammelstelle (ASS)
- ▼ Problemstoffsammelstelle (PSS)
- ▽ Altstoffsammelzentrum (ASZ)
- ■ Ressourcenpark (RAS)
- □ Ressourcenpark (RAS) geplant
- ◆ Burgenländischer Müllverband (BMV)
- ◇ Umweltdienst Burgenland (UDB)
- ☆ Reuse-Schwerpunkt (R)

- S Siedlungsabfälle
- SA Sonstige Abfälle
- B BA Bau- und Abbruchabfälle
- A Aushubmaterial
- G Gemischter Müll
- S Sperrmüll
- A Altstoffe
- P Problemstoffe
- B Biogene Stoffe
- A Asche
- K Klärschlämme
- B Komplette Bauteile (Fenster, Türen, Sanitär)

- Sortenreine Bauteile (Metall, Holz, Kunststoff, Glas)
- E Erde
- G → G Sortierung in Abfall und Wertstoff

- Recycling
- Thermische Verwertung
- Verfüllung
- Deponierung
- Sonstiges

- Verändern
- Verbrennen
- Ablagern
- Vergessen
- Separieren

Abb. 14

Erwartung? Überraschend oft begegneten uns Gegenstände, die weggeworfen wurden, aber in einem anderen Kontext Baumaterial, Wertstoff oder Erinnerungsstücke gewesen wären. Viele Besucher:innen erzählten uns, dass sie Dinge entsorgen, weil sie alt sind – obwohl sie noch funktionieren. Oft handelte es sich um qualitativ hochwertige Gegenstände, die durch neue Produkte von geringerer Qualität ersetzt wurden. In einem Fall etwa wurde eine massive Holztür entsorgt, weil sie „nicht mehr modern" sei – ersetzt durch eine furnierte Leichtbautür aus dem Baumarkt. Der Wert des Alten wurde nicht mehr erkannt, obwohl seine Materialität und seine Lebensdauer dem Neuen weit überlegen waren.

Diese Beobachtungen führten uns zu einer fundamentalen Erkenntnis: Es fehlte nicht an der Bereitschaft zur Wiederverwendung, sondern an der Vorstellungskraft, was aus den Dingen noch werden könnte. Die Idee, Materialien zu transformieren, zu collagieren oder weiterzuverarbeiten, war kaum präsent. Ebenso mangelte es an einer Infrastruktur,

Abb. 15
Der Umbauhof als Knotenpunkt im Kreislauf des zirkulären Bauens.

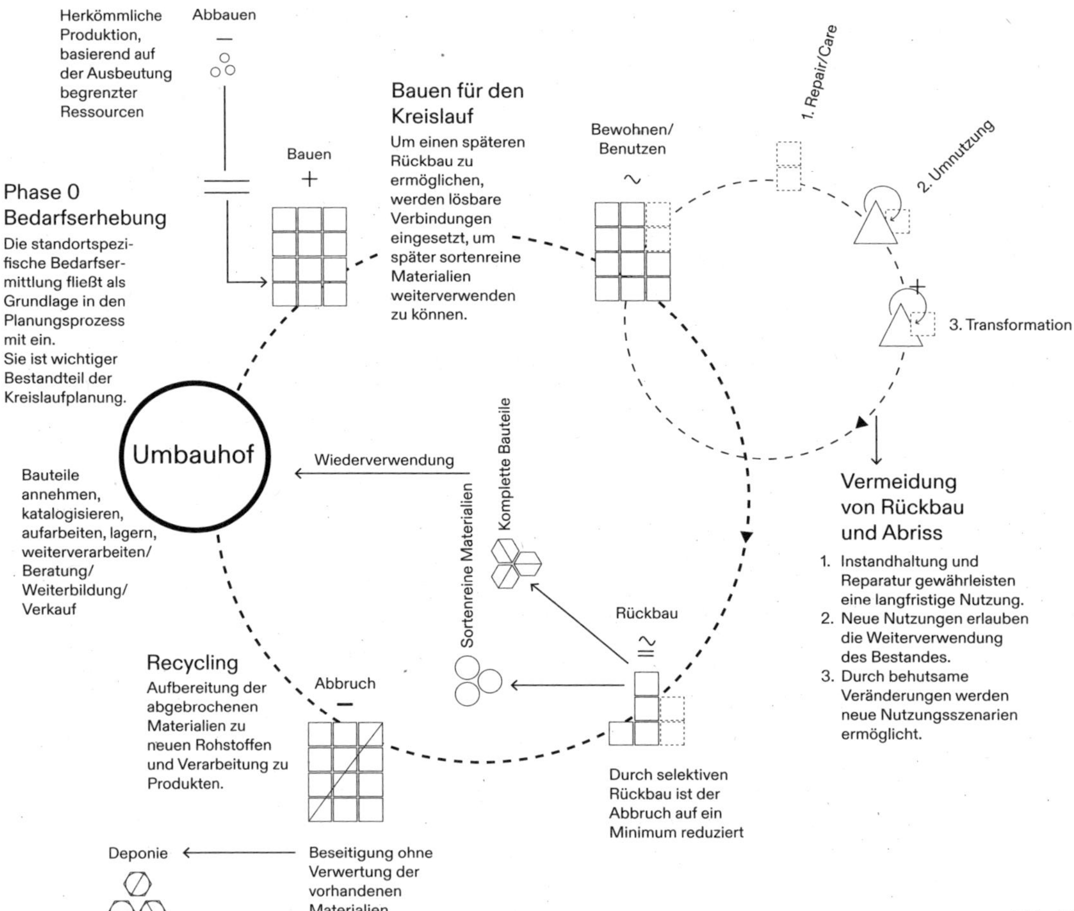

Abb. 15

die Wiederverwendung als selbstverständlichen Bestandteil der Baukultur sichtbar und zugänglich macht.

Genau hier setzten unsere Gespräche und Inszenierungen an: um neue Bilder und Möglichkeiten in den Köpfen der Besucher:innen entstehen zu lassen, diese zu verankern – und damit einen Kontext zu schaffen, in dem Wiederverwendung als Teil der Baukultur gedacht, diskutiert und konkret erlebt werden kann.

Diese gesammelten Erfahrungen verdichteten sich in einer Ausstellung im Architektur Raumburgenland. Dort präsentierten wir unsere Recherchen, eine Auswahl der gesammelten Materialien, den Bauteilkatalog sowie Einblicke in die Pop-up-Umbauhöfe. Zentrales Thema der Ausstellung war die Vision eines zukünftigen dauerhaften Umbauhofs als kommunale Infrastruktur mit vielfältigen Funktionen: Materiallager, Bildungsort, Werkstatt und Treffpunkt. Durch einfache Maßnahmen wie das ordnende Auslegen, Kategorisieren oder Erzählen von Materialgeschichten veränderte sich der Blick auf die Dinge – aus Müll wurde sichtbares Potenzial. Die Ausstellung diente als Diskursraum und Vermittlungsformat, um den Umbauhof nicht als fertiges Projekt darzustellen, sondern als lernende, weiterzuentwickelnde Idee erfahrbar zu machen.

Aus dem Gesamtprozess lassen sich klare Empfehlungen für eine dauerhafte Einrichtung ableiten: Der Umbauhof muss als Ort der Handlung, der Erprobung und der Begegnung aktiviert werden. Er braucht nicht nur Lagerflächen, sondern muss die Bauteile auch digital zugänglich machen, um sie systematisch zu erfassen und zu katalogisieren. Voraussetzung dafür sind Prozesse und Infrastrukturen, um die Bauteile zu untersuchen, zu überprüfen und zu begutachten und so ihre Funktionstauglichkeit, Tragfähigkeit, den Brandschutz oder die Unbedenklichkeit hinsichtlich des Gesundheitsschutzes freizugeben. Ergänzend dazu sind Werkstätten für Aufarbeitung, Reparatur und Weiterverarbeitung ebenso erforderlich wie Bildungs- und Vermittlungsformate, Beratungsangebote, Räume für Austausch und gemeinsames Lernen. Unser Projekt liefert erste Bausteine, auf denen Gemeinden, Institutionen und zivilgesellschaftliche Akteur:innen aufbauen können – für eine nachhaltige, gerechte und zukunftsfähige Baukultur im ländlichen Raum.

1315

Abb. 20

Abb. 16 *(S. 38–39)*
Altstoffsammelzentrum am Übergang zur Landschaft: Die Container sind am frühen Morgen noch leer.

Abb. 17 *(S. 40–41)*
Am Rand des Altstoffsammelzentrums wird Aushubmaterial in Haufen zwischengelagert.

Abb. 18 *(S. 42–43)*
Schotter und Recyclingmaterial liegen sortenrein im Zwischenlager.

Abb. 19 *(S. 44)*
Die Zufahrtsstraße zum Bauhof ist von Werkstatt- und Hallengebäuden gesäumt.

Abb. 20
Containerreihe zur getrennten Sammlung von Wertstoffen am Waldrand.

Es gibt kein leeres Grundstück

Dietrich Erben

DAS PROBLEM

Abb. 21
„Shearing Layers of Change“ – Modell sich unterschiedlich schnell wandelnder Gebäudeschichten, Stewart Brand, Grafik: Donald Ryan, 1994.

Die folgenden Überlegungen sind so naheliegend und einfach, dass sie einem kaum zu Bewusstsein kommen: Jedes Gebäude besetzt eine Fläche, die ihre eigene Geschichte hat. Wenn von einem leeren oder unbebauten Grundstück die Rede ist, so mag dies zwar zunächst als alltagssprachliche Redewendung einer anschaulichen Wirklichkeit entsprechen, sie tilgt jedoch die bestehende Vorgeschichte des Grundstücks. Diese Vergangenheit ist auch für das Vorgehen bei Umbauplanungen von Belang, denn nur dann gerät in den Blick, dass es sich beim Neubau auf dem vermeintlich leeren Baufeld stets um den Umbau einer bislang anderweitig genutzten Fläche handelt. Dies betrifft gerade auch den Umbau in Dörfern. Hier haben wir es außerhalb der Ortskerne oft mit der Konversion von Agrarflächen in Bauland und bei der Nachverdichtung in den Dorfkernen mit der Umwandlung von Garten- und Hofflächen zu tun.

Ein Blick auf das Lebensdauerschema von Gebäudeschichten (Abb. 21) in einem der populärsten und originellsten Umbaubücher weist auf das Problem hin. Das Buch *How Buildings Learn. What Happens after They're Built* wurde 1994 von Stewart Brand publiziert. Der beim ersten Lesen irritierende Titel bringt auf den Punkt, dass es beim Umbau nicht nur darum geht, wie in bestehende Gebäude eingegriffen wird, sondern auch darum, wie die Bauten selbst das weitere Planen

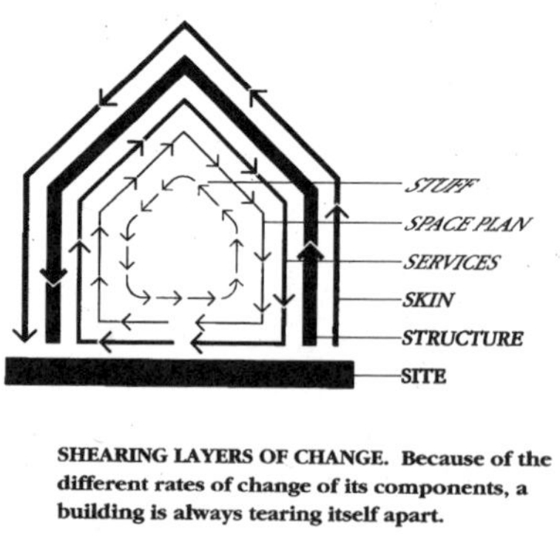

Abb. 21

inspirieren, prägen und voranbringen. Das Schema, das sich in ähnlicher Form auch in vielen anderen Architekturpublikationen findet, umfasst die auf der Erfahrung basierende, voraussichtliche Tauglichkeit von der lang haltbaren Gebäudekonstruktion bis hin zum „inner circle" der im Alltag beim Gebrauch immer wieder umgeräumten Einrichtungsgegenstände. Der Baugrund hingegen wird, im Unterschied zur Bausubstanz und zur mobilen Einrichtung, als statische Größe verstanden. Das Schriftbild der Begriffssäule auf der rechten Seite des Bildes illustriert, ähnlich wie in einem Comic, die Qualität der Schichten vom soliden, scheinbar unveränderlichen „site" bis zum flüchtig verwehenden „stuff". Diese Stillstellung des Bodens gilt es jedoch zu überdenken. Denn es gibt nicht nur die Einspruchsrechte des Grundstücks, dazu zählen die allmählich gewachsene Infrastruktur der Straßen und Leitungen oder der Bebauungsplan. Es existiert auch die Geschichte der Ökologie des Grundstücks selbst. Die Geosphäre, die den Geländeverlauf und die Bodenbeschaffenheit umfasst, überlagert sich mit der Bio- und Hydrosphäre des Terrains; und nicht zuletzt geht es um die Frage von Kontaminierungen des Bodens.

FLÄCHENDIMENSIONEN UND UMBAU IM DORF

Wie schon angedeutet, gewinnt gerade diese Flächenbeschaffenheit bei dörflichen Arealen eine vordringliche Relevanz durch die dort gegebene Durchdringung von bebauten Flächen, von Höfen und Gärten mit den industrieförmig bewirtschafteten Agrarflächen und der ebenfalls durch technische Einflussnahmen geformten landschaftlichen Umgebung. Auf dem Dorf haben sich der Flächenumgang und die Flächenplanung stets mit dieser Durchdringung auseinanderzusetzen.

Zunächst ist auf den Sachverhalt hinzuweisen, dass der Umbau eine Konstante des Bauens in Dörfern darstellt. Dies gilt für alle Erdteile und begründet sich aus den Gegebenheiten der in ländlichen Gebieten gegenüber den Städten länger überdauernden Subsistenzgesellschaften. Sie waren die Vorgänger der sich ab etwa 1800 formierenden heutigen Konsum-, Wohlstands- und Wegwerfgesellschaften des globalen Nordens. Dort, wo kaum Überschüsse erzeugt werden und kaum gänzlich Neues entsteht, wird Vorhandenes genutzt, geflickt, verändert und angestückt, je nach Ressourcen- und Bedarfslage. Diese Bedarfswirtschaft betrifft alle drei bis heute relevanten Primärsektoren der Subsistenz, die geprägt sind von den Kulturen des Reparierens: die Nahrungsmittel (Resteverwertung in Suppen, Teigstrudeln und Schnäpsen), die Kleidung (Ausbessern und Umnähen) und die Häuser (Renovieren, Um- und Anbauen).

Will man sich den Umbau als Normalfall des Bauens in Dörfern, die ihre historische Bausubstanz einigermaßen bewahrt haben, vor Augen führen, genügt oft schon das genauere Betrachten von alten Mauern, an denen zahlreiche Veränderungen geradezu penibel protokolliert werden (Abb. 22). Im süd-, west- und mitteleuropäischen Raum gingen viele Dörfer aus der Siedlungskontinuität von römischen „villae rusticae" oder aus dem Umbau größerer Bauten zu Häusergruppen oder Bauernhöfen hervor (Abb. 23). Solche Beispiele verweisen nicht nur auf das Bauen unter Subsistenzbedingungen, sondern machen auch die Eigentümlichkeit des Umbaus von Flächenanlagen deutlich, wie er dörfliche Siedlungsstrukturen prägt.

Abb. 22

Abb. 23

Fläche ist ein neutraler Begriff. Er umschreibt, so kann man es schon im *Grimm'schen Wörterbuch* nachlesen, die „Ebene eines Felds", und der Flächeninhalt ist daher einfach in Länge und Breite zu errechnen. Der Dichter Friedrich von Hagedorn unterschied Mitte des 18. Jahrhunderts poetisch die ephemeren Phänomene der Natur und die Berge von der Ebene: „Es spielen Luft und Laub, es spielen Wind und Bäche/dort duften Blum und Gras, hier grünen Berg und Fläche."

Ein bebilderter Rundgang durch ein heutiges Dorf kann veranschaulichen, was beim Flächenumgang und -umbau alles zu tun ist. Die Ortschaft Wehringen liegt südlich von Augsburg in Bayerisch-Schwaben und ist beispielhaft für zahlreiche Dörfer in Deutschland und Österreich. Innerhalb von gut drei Jahrzehnten ab 1990 wuchs die Gemeinde von 2200 auf heute 3070 Einwohner:innen. Das Dorf steht unter dem typischen Modernisierungsdruck der letzten Jahrzehnte, Stichworte sind die Konzentration der Agrarproduktion auf wenige große Betriebe, die Situation im Einzugsbereich in einer Metropolregion mit entsprechender Pendlermobilität und der Bauboom auf dem Einzelhaussektor. Für den Umbau ergeben sich aus alledem Fragestellungen auf unterschiedlichen Ebenen des Maßstabs. Sie reichen von regionalen Dimensionen bis hin zur Gebäudeebene:

- Flächenumbau in Neubaugebieten und Landschaftsbereichen
- Leerstand von alten Bauernhöfen
- Unternutzung von Flächen
- Nachverdichtung in Gebäudegruppen und Gärten
- Umbauten von Einzelhäusern

Abb. 22
Spuren baulicher Anpassungen sind an der Textur der Natursteinfassade deutlich ablesbar.

Abb. 23
Römisches Theater in Sepino als Beispiel für die Anpassung zur Wohnanlage in der baulichen Kontinuität.

Abb. 24
Neubaugebiet auf ehemals landwirtschaftlich genutzter Fläche am Dorfrand. Die Materialherkunft der Gebäude bleibt unsichtbar.

Abb. 24

Abb. 25

Abb. 26

In Wehringen wurde, wie in fast allen anderen Dörfern auch, der Einwohnerzuwachs in Neubaugebieten aufgefangen. Der von der Euphorie des Neuen getragene Begriff verschleiert, dass die Flächen auch vorher schon *bebaut* gewesen sind. Denn man hat die vor allem als Wiesen genutzten Agrarflächen in Baugebiete konvertiert, wodurch die Nahrungsmittelproduktion der Produktion von Wohnraum Platz gemacht hat. Die Neubauten umgeben das Dorf an der Peripherie und bestimmen dort das Erscheinungsbild (Abb. 24). Den überbauten Konversionsflächen treten in der regionalen Umgebung des Dorfes vereinzelte Maßnahmen der Renaturierung an die Seite. Dies betrifft in den Flussauen die Freilegung von Wiesenabschnitten – teils zur Förderung der Biodiversität, teils als Rückhalteflächen – sowie die landschaftliche Umgestaltung von Teilabschnitten der um 1900 angelegten, sogenannten Flusskorrektionen (Abb. 25).

Innerhalb des Dorfes ist man einerseits mit dem flächendeckenden Abriss alter Hofgebäude und deren Ersatz durch Neubauten in den beiden Jahrzehnten nach 1960 und andererseits mit dem Leerstand der wenigen verbliebenen alten Bauernhöfe konfrontiert (Abb. 26). Einzelhandelsgeschäfte gibt es im Dorf nicht mehr (Abb. 27). Es bleibt letztlich eine Ermessensfrage, in welcher Weise man von einer Unternutzung von Flächen im Dorfareal sprechen will. Man wird sich darauf einigen können, dass die erheblichen Hof- und Verkehrsflächen in den ehemaligen Bauernhöfen für eine Nachnutzung offenstehen (Abb. 28). Hingegen ist bei den im Durchschnitt etwa 3 000 Quadratmeter großen Bauerngärten in jedem Einzelfall abzuwägen, ob eine bauliche Verdichtung und damit eine Veränderung der Biosphäre und der Ortsstruktur infrage kommt (Abb. 29). Die Nachverdichtung in den Gebäudegruppen der Bauernhöfe bietet sicherlich auf der Gebäudeebene ein beträchtliches Potenzial für den Umbau, da hier bereits bebaute Flächen in Beschlag genommen werden und eine denkbare Renaturierung der Flächen angesichts der bestehenden Gärten nicht sinnvoll ist. Im Einzelfall bleibt zu erwägen, was an Bestand für den Umbau erhalten bleiben sollte oder ob es nach dem (Teil-)Abbruch zu Lückenfüllungen kommt (Abb. 30). Schließlich steht dem mehr oder minder gelungenen Erhalt von Einzelhäusern der Umbau von Bestandsgebäuden gegenüber. Bei dem hier abgebildeten Beispiel blieb nur der Stadeltrakt in der Konstruktion erhalten und wurde weitgehend

Abb. 25
Informationstafel zu Renaturierungsmaßnahmen. Die Folgen baulicher Versiegelung im Dorf werden räumlich verlagert im Außenbereich kompensiert.

Abb. 26
Bauernhof im Dorfkern: Die dörfliche Siedlungsentwicklung ist bestimmt vom Spannungsverhältnis zwischen Bestandsleerstand und peripherem Neubau.

überbaut. Beim Wohnhaus hingegen handelt es sich um einen völligen Neubau aus dem Jahr 2000, der einen fragwürdigen Neohistorismus auf dem Lande feiert (Abb. 31).

RESSOURCE

Die vorliegende Skizze plädiert für ein Verständnis, das den Umbau als Verbundmaßnahme in den Flächen versteht und damit die Beschränkung auf den Maßstab des Einzelgebäudes hinter sich zu lassen. Nicht nur das Pathos des Neubaus, das nach wie vor in der Architektenschaft vorherrscht, ist anachronistisch, ebenso obsolet ist die Vorstellung, es gebe leere Flächen. Stattdessen käme es darauf an, jedwede Fläche in ihrer Geschichtlichkeit zu verstehen und daraus Handlungsoptionen zu gewinnen. Umbau setzt die Bereitschaft zur Aneignung von historischem Wissen voraus – wovon bei Architekt:innen nicht umstandslos auszugehen ist. Dabei kann man sich, wie schon gesagt, daran erinnern, dass der Umbau gerade auch auf den Dörfern eine althergebrachte Konstante in Subsistenzgesellschaften darstellt. Somit handelt es sich beim Umbau keineswegs um eine Neuerfindung, wie sie unter dem Problemdruck gegenwärtiger Konsumgesellschaften aktuell diskutiert wird. Dies bedeutet, den Umbau nicht nur als Teil einer marktförmigen Wertschöpfung innerhalb der heutigen Bauproduktion zu verstehen, sondern auch als Maßnahme des Umgangs mit Ressourcen.

Der Begriff der Ressource scheint geeignet, die beschriebenen Flächendimensionen von landschaftlichen Ökologien und von gebauter Umwelt zu integrieren. Dies hat historische, ideelle und pragmatische Aspekte: Ressourcen sind älter als wir, sie vermitteln zugleich zwischen Vergangenheit, Gegenwart und Zukunft. Sowohl bei natürlichen als auch bei gebauten Umwelten überlagern sich materielle und ideelle Dimensionen: Zum Beispiel ist Wohnraum gleichermaßen eine materielle (Daseinssicherung, Besitz etc.) wie eine ideelle Ressource (Privatheit, Geborgenheit, Zugehörigkeit und Zusammenleben). Ressourcen sind keineswegs als solche vorhanden, sondern sie werden entdeckt, erschlossen und ausgebeutet. So begründet es sich, dass sie begrenzt und umstritten sind. Die Ressourcenzugänglichkeit zu Wohnraum, Nahrungsgütern, Kleidung, Bildung,

Abb. 27
Ehemalige Gewerbefläche im Dorfkern. Der Einzelhandel verlagert sich zunehmend in großflächige Einkaufszonen in den Gewerbegebieten der Ortsränder.

Abb. 28
Optionen für die Nachverdichtung in Dorfkernen ergeben sich durch die lose Siedlungsstruktur und die groß zugeschnittenen Verkehrsflächen der aufgegebenen Bauernhöfe.

Abb. 27

Abb. 28

politischer Teilhabe, Geschlechtergerechtigkeit entscheidet nicht nur über ein gelingendes gesellschaftliches Zusammenleben. Die Ressource Vergangenheit, die sich in dem, was uns umgibt, materialisiert, macht uns zugleich ein unerschöpfliches Angebot.

Abb. 29

Abb. 30

Abb. 31

Abb. 29
Weiträumiger Bauerngarten im rückwärtigen Bereich eines Hofensembles.

Abb. 30
Nachverdichtung im Bestand eines ehemaligen Bauernhofs: aktuelle Ergänzung zwischen dem um 1970 als Ersatz für das historische Wohnhaus errichteten Neubau und der ursprünglichen Wirtschaftsstruktur.

Abb. 31
Neubau eines 2000 fertiggestellten Einfamilienhauses in historisierender Formensprache und mit Integration des ehemaligen Stadels.

Dietrich Erben,
Technische Universität München, Lehrstuhl für Theorie und Geschichte von Architektur, Kunst und Design

Performance als Transformation

Claudia Bosse

Sehe höre spüre, was da ist
Leere deine Taschen, deine Erinnerungen aus
Stell dir vor, dass es keine Zukunft gibt, sondern nur, was da ist
OK, vielleicht auch
was einmal hier war und was werden könnte
Was könnte sein?
Setze deinen Körper der Umgebung aus, auch deine Sinne
Verweile mit dem, was deine Aufmerksamkeit erregt
Gib dem mehr Zeit
Zeit kann Schichten unter dem ersten Eindruck – der Oberfläche – der Form – öffnen
als würdest DU in den Schichten des Seins graben
Was da ist, schwingt in dir und wird durch dich
Sichtbar hörbar berührbar
Aber ebenso andere in anderen
Schmecke die Handlungen, die du artikulierst
Verdaue sie
Höre ihnen zu
Teste sie mit deinem Körper
Beobachte sie in deinem Körper
In Resonanz mit dem Raum Materialien Elementen Wesen Atmosphären
In Resonanz mit den Erinnerungen in deinem Gewebe

Gras zwischen deinen Zehen Erde unter
deiner Zunge die Häuserwand in deinem
Magen
das Insekt dein Augenlid

Wage die Umgebung zu lesen und
sie durch deinen Körper wahrzunehmen

Es ist diese Grammatik der Erfahrungen
und Sinne
die manchmal zu Worten und Dialogen
werden
mit dir selbst
Texturen

Mit anderen in anderen
Schwingungen und Spannungen Spucken und Schlucken Zunge und Trommelfell

Denke mit deinen Innereien, um zu wissen,
was zu tun ist

Denke mit dem Weißen deines Auges
mit dem Zwischenraum deiner Nackenwirbel

Mit der Haut zwischen deinen Zehen
Mit den Knochen deiner Hüfte
Mit dem Gewebe deiner Lunge

Performance ist eine Spekulation mit Konsequenzen
Performance ist eine spielerische Aufhebung der alltäglichen Bedeutung,
während sie zugleich die Gesetze des Seins berührt.

Performance ist ein Prozess in der Zeit und schafft, ähnlich wie Rituale, einen Raum für Transformation, oder anders: Performance ist ein Prozess der Transformation, der Räume schafft.

Performance ist eine Bewegung, die sich auf das bereits Existierende bezieht und gleichzeitig wagt, das Mögliche zu artikulieren. Die Bedingung für diese Bewegung ist die Anwesenheit der handelnden Körper an einem Ort. Diese Körper richten ihre Aufmerksamkeit auf ihre inneren Bewegungen mit den Phänomenen, Strukturen, Rhythmen, Erscheinungen, Ereignissen und Texturen im umgebenden Raum.

Es ist eine fließende Verbindung von außen nach innen nach außen nach innen wie Atem, der Materie einatmet und ausatmet, aufnimmt und ausstößt: physisch und imaginativ, zirkulierend, austauschend.

Performative Präsenz an einem Ort ermöglicht dem/den handelnden Körper/-n, in einen Zustand erhöhter Achtsamkeit zu gelangen: in ein Bewusstsein für seine multi-rhythmischen (lebenserhaltenden) Handlungen und zugleich für die Rhythmen und Ereignisse seiner Umgebung. Performance ist eine multisensorische gleichberechtigte Versammlung aller Sinne. Die teilnehmenden Körper praktizieren diese Wahrnehmung, welche ebenso die Wirkung der Schwerkraft auf Dinge und Lebewesen einschließt.

Performative Handlungen heben wiederholte Gesten und Handlungen des Alltags in ihrer Zeitlichkeit auf und machen sie zugleich erkennbar, indem sie Gesten aus anderen Bezugssystemen ausführen. Performance ist eine Handlung, die fokussiert, aber nicht zweckgebunden ist: als Artikulation einer subversiven poetischen Grammatik, die diese in umgebenden Kontexten entfaltet.

Eine performative Handlung ist ein Akt der vorübergehenden Aussetzung des angenommenen Bezugssystems von Bedeutung und Funktion und spekuliert künstlerisch auf dem Grund unserer gelebten/erlebten Verhältnisse und Erfahrungen.

Performance ist die physische Schaffung eines Resonanzraums *anderer* Räume und zeichnet am Ort der Verhandlung in der/die Zeit ein. Zeit ist hier eine Spur und Beziehung im Raum: durch rhythmische Handlungen, Platzierungen und Verhältnisse, die vom Alltag abweichen. Zeit schafft eine Spur und Erinnerung im Raum, die gleichzeitig von anderen Zeiten (einer funktionalen Alltagsstruktur) geprägt ist.

Die performativen Körper, die sich in entfremdeten Handlungen erleben und sich gleichzeitig im Raum artikulieren, lernen und experimentieren mit „neuen" Kontexten, indem sie ihre Bewegungen und Handlungen miteinander aushandeln. Diese Bewegungen und Handlungen, Ausdruck und Klänge öffnen zugleich ein Bewusstsein für die Kontexte, in die die handelnden Körper über die Performance hinaus eingebettet sind.

Durch den Prozess der Performance entsteht eine Resonanz in der Wirklichkeit, die innerhalb der spekulativen, künstlerischen *Realität* der Performance und durch ihre ausgeführten Handlungen in verschiedenen Beziehungen diese angenommene Wirklichkeit experimentell hinterfragt.

Performance ermöglicht es uns, die Situiertheit unseres Denkens, Handelns und Fühlens wahrzunehmen, indem Performance spezifische (künstlerische) Bedingungen erfindet und die Einbettung unseres Denkens und unserer Existenz durch künstlerisches Experimentieren erweitert.

Performance ist eine kollektive Spekulation mit Körpern im Raum. Performance ist ein Experiment, eine physische Vermittlung und zugleich eine praktizierte Aufhebung der Regime und Ordnungen, in denen wir täglich agieren.

Performance trainiert mögliche Körper und eröffnet taktiles, multisensorisches und intuitives Wissen, das andere Ebenen des Seins und der Wahrnehmung anspricht/erreicht/herausfordert/stärkt in einer Gleichberechtigung aller Sinne.

Performance kann funktionale Beziehungen zur Umwelt, zur Umgebung, zur Welt, die seit der Moderne ausschließlich als Ressource für den Menschen dient, aufrütteln und in eine multiperspektivische, belebte vitale Umgebung mit verschiedenen Zeiten verändern, die mit vielschichtigem und gespeichertem Wissen ausgestattet ist.

Diese hier beschriebene transformatorische Praxis der Performance geht von eingebetteten Beziehungen aus, die innerhalb der künstlerischen Artikulation spekulativ verändert werden können.

Claudia Bosse,
Künstlerin, Choreografin, Regisseurin und Leiterin des theatercombinat in Wien

SKIZZE EINER INTERVENTION

asphalt

00. Wir packen, fahren, kommen vor Ort an und richten uns ein.

01. Von Weitem ist das Banner zu sehen, das in Großbuchstaben das Wort „UMBAUHOF" in den Raum stellt. Das asphalt-Team wird temporär zum Umbauhof-Team.

Wir begrüßen die ankommenden Bürger:innen. Wir stellen Fragen: „Wie viel Wert steckt im Material? Ist es Abfall oder Wertstoff?"

Wir sind neugierig, was uns die Besucher:innen mitbringen. Im Fokus stehen Altbauteile und ihre Geschichten.

„Bitte zur Seite stellen!"

02. Es ist Zeit, ins Gespräch zu kommen, um mehr über diese Teile zu erfahren. Wir stellen Fragen, die uns ausschließlich die Besitzer:innen beantworten können, wie zum Beispiel:

„Wo kommt das Bauteil her? Was ist die Geschichte dieses Bauteils? Wo wurde es ausgebaut? Wieso werfen Sie es weg? Wieso ist es in Ihren Augen Abfall? Wieso wird es nicht mehr gebraucht? Wurde es ersetzt und, wenn ja, wodurch? Wie lange war es in Gebrauch? Haben Sie einen persönlichen Bezug zu diesem Teil?"

Informationen werden gesammelt und die geschichtlichen Hintergründe auf dem Bauteildatenblatt notiert. Die herausgefilterten

Teile werden in der gekennzeichneten Zwischenlagerstation abgelegt. Sowohl die Besucher:innen als auch die Teile werden zur nächsten Station weitergeleitet.

03. Es folgt eine präzise Aufnahme aller Informationen der Altbauteile. Diese werden abgefegt und abgewischt. Maße werden genommen und Materialitäten bestimmt. Das Bauteildatenblatt wird ausführlich ausgefüllt und ein Etikett mit individueller Bauteilnummer wird an jedem Bauteil befestigt.

04. Die Bauteile werden fotografiert und digital abgelegt.

05. Eine temporär eingerichtete Werkstation wird zur aktiven Umbaustation. Hier werden Teile auseinandergenommen, zerlegt, neu zusammengefügt und umgebaut. Es entstehen alt-neue Elemente oder atmosphärische Tools für die Performance.

Eine Kaffeestation entsteht – ein Raum der Pause.

„Wir laden ein zu Kaffee und Kuchen!"

06. Die aufgenommenen Teile werden auf der dafür ausgelegten weißen Plane arrangiert und temporär platziert.

Die Lagerung und Ausstellung der Bauteile wächst über einen Zeitraum von fünf Stunden. In ruhigen Phasen wird die digitale Station fortgesetzt und intensiviert.

Scans werden gemacht, Fotos bearbeitet, Bauteilelemente und Bauteildatenblätter digitalisiert, Bauteillisten erstellt und Informationen weiter verdichtet.

07. Die Pop-up-Performance wird im Foto- und Video-Format dokumentiert.

08. Zum Abschluss entsteht eine finale Aufnahme: eine Vogelperspektive der gesammelten Teile auf der Plane.

BERICHTE VON VOR ORT

asphalt

Das bestehende, flächendeckende Netzwerk aus Bauhöfen und Altstoffsammelzentren im Burgenland bietet die Infrastruktur für unsere Testserie zum Pop-up-Umbauhof. 70 Abfallsammelstellen existieren im Burgenland. Dazu zählen Bauhöfe, Altstoffsammelstellen, Problemstoffsammelstellen, Altstoffsammelzentren, Übernahmestellen und Umladestationen. Wir fragen bei den jeweils zuständigen Betrieben an und nehmen Kontakt zu den Gemeinden, Bürgermeister:innen und Betriebsleiter:innen auf. Die Gemeinde Strem, südlich im Burgenland, ist die erste Anlaufstelle für unser Experiment. In Eisenstadt werden wir es wiederholen. Gezielt wählen wir zwei Orte, die sich sowohl in ihrer geografischen Lage voneinander unterscheiden als auch unterschiedliche Parameter für unsere Testversuche bieten. Während es sich bei Strem um eine kleine Gemeinde im ländlichen Raum handelt und eine Sammelstelle mit einfacher Infrastruktur, repräsentiert Eisenstadt als Hauptstadt des Burgenlands den städtischen Raum.

Wer wird kommen? Wem werden wir begegnen? Was werden die Besucher:innen mitbringen und wegwerfen? Welche Geschichten werden sie erzählen? Werden sie dafür offen sein zu kommunizieren? Wie werden die Besucher:innen auf uns reagieren? Werden unsere Themen Anklang finden? Wie werden sich die Begegnungen, Geschichten, Altbaustoffe und Fundstücke im ländlichen Raum von denen im städtischen Raum unterscheiden? Wir haben Vermutungen und Vorstellungen, aber werden sich diese bestätigen?

Darüber können wir nur spekulieren. Sicher ist nur: Müll werden sie bringen!

Da wir nicht vorhersehen können, was uns erwartet, hilft uns das Konzept der Performance, offen zu bleiben und auf kommende Situationen zu reagieren. Die Basis der Performance teilt den Tag in vier Akte ein. Was dazwischen passiert, wird bei jedem weiteren Testversuch anders sein.

POP-UP-UMBAUHOF STREM
4. Mai, 8 Uhr morgens

Strem ist eine Marktgemeinde im Bezirk Güssing im Südburgenland mit ca. 910 Einwohner:innen. Das bestehende Altstoffsammelzentrum ist eine Problem- und Altstoffsammelstelle sowie ein Bauschuttzwischenlager für die Gemeinde Strem und die Nachbarorte Moschendorf und Heiligenbrunn. Auf der eingezäunten Fläche von ca. 6615 Quadratmetern stehen mittig Rollcontainer für Sperrmüll mit je 15 Kubikmeter Fassungsvermögen. Die restliche Fläche ist, ohne sichtliche Abgrenzung, in unterschiedliche Abgabe- und Abladestationen unterteilt. Manche Bereiche sind überdacht, andere nicht. Zwei Mal im Monat öffnet die Abfallsammelstelle ihre Tore für die Einwohner:innen. Während der Sperrmüll in einem dafür gekennzeichneten Container landet, werden Alteisen, Problemstoffe und diverse andere Altstoffe wie Bauschutt und Grünschnittabfälle separat gesammelt. Eine kleine Einheit des sich auf dem Gelände befindenden Gebäudes dient als Überdachung für Elektrogeräte. Auch ein Büro für die Mitarbeiter:innen gibt es dort, die Ausstattung umfasst Computer, eine Toilette, eine Küchenzeile mit Küchengeräten und eine Umkleide. An die asphaltierte Fläche vor dem Gebäude grenzt eine große, gepflegte Rasenfläche, die temporär als Ablagefläche für saisonalen Grünschnitt und Erde dient. Es entsteht das Bild einer dynamischen Hügellandschaft durch künstlich aufgehäufte Erdablagerungen in unterschiedlichen Farbtönen und Materialitäten.

Die Arbeitsabläufe der zuständigen Werkarbeiter:innen auf der Altstoffsammelstelle folgen einem System. Wir übernehmen nicht nur die vorgegebene Infrastruktur, sondern folgen auch diesem gewohnten Ablauf. Die Angestellten sind in unser Vorhaben eingeweiht. Es ist notwendig, dass sie ihre Arbeit wie gewohnt erledigen können. Sie sichten und leeren die Anhänger, entlasten die Kofferräume, helfen dabei, das Mitgebrachte zu sortieren, und weisen die Besucher:innen an die richtige Stelle. Sie halten Ordnung im entstehenden Chaos, indem sie jedem Gegenstand einen Platz auf der Fläche in diesem Raum zuweisen.

Wir machen uns bereit. Zuallererst richten wir uns selbst und den Ort für die kommende Performance her. Wir ziehen die weißen Overalls über und befestigen das Banner so am Eingangstor, dass es für ankommende Besucher:innen von Weitem sichtbar ist. Wir schauen uns um, welche vorhandenen Strukturen und Bauteile wir für heute nutzen können. Wir halten Ausschau nach Elementen für unsere temporäre Werkstatt und kennzeichnen unser befristetes Zwischenlager für die Altbauteile, die wir als potenzielle Wertstoffe identifizieren und beiseitestellen möchten. Für Letzteres definieren wir eine Fläche gegenüber den Sperrmüllcontainern direkt beim Eingang und markieren sie mit einer 3 mal 3 Meter großen, weißen Plane. Ein vorgefundenes Gitter dient als Unterbau für die Kaffeestation, die sich später noch weiterentwickeln wird. Die Werkstatt besteht vorerst aus unseren mitgebrachten Kisten mit Werkzeug, zwei Böcken und einer zweiten großen, weißen Plane. Mit dem Klemmbrett unter dem Arm LASSEN WIR DEN ERSTEN AKT BEGINNEN.

Werden die Tore einmal im Monat geöffnet, wie am Samstag zu unserem Pop-up-Umbauhof, ist der Andrang groß. Eine Schlange von Fahrzeugen baut sich vor dem noch geschlossenen Tor auf. Traktoren reihen sich in die Schlange ein, Autos mit und ohne Anhänger, voll beladene und solche, die nur Kleinigkeiten transportieren. Alles scheint dabei zu sein. Menschen kommen, hauptsächlich Erwachsene, Mitte 30 bis Anfang 70. Sie kommen alleine oder zu zweit, nur sehr selten mit Kindern.

Während die Autos einfahren, kommunizieren wir durch offene Fenster. Wir erzählen, wer wir sind, was wir vorhaben, und fragen nach der Erlaubnis, den Kofferraum, die Ladefläche und das Mitgebrachte zu begutachten. Viele schauen uns fragend an, von hinten wird gedrängelt, die Motoren laufen. Es ist laut. Das System muss weiterlaufen, wir haben nicht viel Zeit. Nur kurz bleiben die Fahrzeuge stehen. Die Besucher:innen steigen aus, wir beginnen den Müll zu begutachten und stellen Fragen zu entdeckten Wertteilen:[1] Warum werfen sie es weg? Wodurch wird es ersetzt? Wann wurde es gekauft oder eingebaut? Wurde es schon gebraucht erworben? Wie oft wurde es schon repariert? Was hätte es für eine weitere Nutzung gebraucht? Gibt es einen sentimentalen Wert? Was könnte es in Zukunft sein? Nach der

1 Haben die Besucher:innen uns nicht richtig verstanden oder lag es am Lärm? Haben wir sie durch unser Auftreten verwirrt? Was bedeutet Verwirrung oder zu verwirren im Kontext der Kunst und Architektur? Wir bringen etwas in Bewegung, den Verstand, ein bestehendes Bild, wir verändern Sichtweisen und Perspektiven und bringen diese Veränderung und Irritation in Erfahrung.

ersten Verwirrung sind die Besucher:innen bereit, uns ihre Altstoffe zu überlassen. Es entstehen schöne Gespräche und interessante Fundstücke kommen zum Vorschein.[2]

Auffällig ist, dass die Besucher:innen ihren Müll oft selbst nicht wegwerfen möchten. Wir erfahren und spüren, dass bei einigen eine emotionale Bindung dazu besteht. Oft ist es der Mangel an Platz für die Aufbewahrung, der fehlt, um die Dinge zu behalten. Wo sollen die Dinge hin nach einer Räumung der Wohnung der verstorbenen Mutter? Die Teile brauchen Platz und sind zudem emotional aufgeladen. Es ist kein Müll, aber es hat keinen Platz, weder räumlich noch emotional. Wir beobachten, dass es oft gute Dinge sind, Dinge mit Wert. Das Material ist gut, besser als wir es heute teuer neu kaufen würden.[3] Alte Küchenelemente, Waschbecken, Kommoden, Schränke, Schranktüren, Glasscheiben, alte Türen mit Glaseinsatz sowie Werkbänke aus hochwertigem, massivem Holz hätten im Container enden sollen. Türen und Fenster hätten weggeworfen werden sollen. Noch bevor sie im Container landen, stellen wir sie zur Seite und fragen nach, wodurch sie ersetzt wurden. Sie gefallen optisch nicht mehr und werden durch Kunststoff ersetzt.

Die Frage, was Müll und was Wertstoff ist, ist trotz guter Vorbereitung vor Ort nicht leicht zu beantworten. Was genau gehört wohin? Was ist Müll? Was ist Wertstoff? Und was befindet sich irgendwo dazwischen? Wir kommen mit der Intention, nach Bauteilen und Wertstoffen für die Bauwirtschaft Ausschau zu halten. Dennoch bringen Besucher:innen einige schöne, qualitativ hochwertig verarbeitete Teile mit, die nicht der Kategorie „Baustoffe" zuzuordnen sind, aber uns mit ihren Geschichten berühren. Sie übergeben uns die Teile und damit Verantwortung. Was machen wir damit? Wohin? Jetzt können wir sie nicht mehr einfach wegwerfen. Wir nehmen sie auf, dokumentieren sie und behandeln sie gleich wie andere gesammelte Teile. Einige sind nur für den Tag Teil der Performance und ein Teil der temporären Rauminstallation. An der Kaffeestation vertiefen sich Gespräche, die im schnellen Ablauf der routinierten Handgriffe keinen Platz finden konnten.

Bauteil *UB-ST-028*: Holzfenster in schlechtem Zustand. Sie wurden um 1800 im Haus eingebaut. Sie sollen durch moderne Kunststofffenster ersetzt werden. Einmal haben sie es schon geschafft, nicht im Müll zu landen. Soll ihre Geschichte hier aufhören? Das Holz könnte weiterverwendet und umfunktioniert werden – vielleicht an einer Fassade? Bauteil *UB-ST-004*: blaues Doppelfenster in gebrauchtem,

2 Fundstücke sind mehrdeutig, auf unterschiedlichen Ebenen zu betrachten: Wir erfahren Geschichten auf einer emotionalen und persönlichen Ebene, Geschichten über den Ort und Hintergründe über das Objekt selbst.

3 Wir produzieren und haben zu viel Material und zu wenig Platz. Wertstoffe werden weggeworfen, weil der Platz fehlt, um sie zu lagern beziehungsweise aufzubewahren. Es gibt keine *Wartehalle* für die Teile in Bewegung. Wir sind der Meinung, dass ebendiese Dinge für eine Umorientierung und Neuordnung mehr Raum und Zeit bekommen müssen, damit sie an einer anderen Stelle erneut einen Platz in der Welt bekommen können.

nicht zu schlechtem Zustand. „Die sind uralt, wir haben sie schon ewig." Bauteil *UB-ST-025, UB-ST-033*: zwei Türen in nicht optimalem Zustand, aber aus bearbeitungsfähigem Vollholz. Sie sind über 100 Jahre alt, seit 1886 im Stadel eingebaut. Der Eingang des Stadels soll umgebaut werden, daher werden die Türen nicht mehr gebraucht. „Leider! Ja, ich würde sie schon gerne behalten!" Teil *UB-ST-014*: Bank in gebrauchtem Zustand, circa 40 Jahre alt. Sie wurde damals von der Schwiegermutter in Deutsch Ehrensdorf übernommen. „Wir haben keinen Platz! Über die Zeit haben wir zu viel angesammelt und sind froh, etwas Platz schaffen zu können." Teil *UB-ST-021*: ein ganzer Stapel Bilderrahmen vom verstorbenen Vater. Er war Künstler. „Das Wegwerfen fällt mir schwer, es ist leichter, sie euch zu übergeben." Teil *UB-ST-006*: Stützen aus einem Weingarten. Für ihre ursprüngliche Verwendung sind sie nicht mehr zu gebrauchen, sie sind etwas verbogen, etwas zu alt. In einem anderen Kontext ist es wertvolles Aluminium und Eisenware.

„Das Ding ist uralt, wir besitzen es schon ewig." „So 25 bis 30 Jahre" „40 Jahre" „30 bis 40 Jahre" „30 bis 40 Jahre" „13 Jahre" „5 Jahre" „Die alte Werkbank war Teil meiner Werkstatt, jetzt gehe ich in Pension." „Wir ziehen von einer Wohnung in eine andere, da ist kein Platz mehr." „Wir haben viel gesammelt und es hat sich mit der Zeit zu viel angesammelt." „Weil neu gemacht" „Wurde nicht mehr gebraucht" „Vater verstorben" „Kaputt und Umzug" „Neu gekauft" „Aus Deutsch Ehrensdorf" „Das Teil haben wir gebraucht von der Schwiegermutter übernommen." „Nö" „Das alte Klumpert da!" „Ne, da kann man heute nichts mehr wiederverwenden." „Was willst' denn damit?" „Wer nimmt sich denn heute noch die Zeit, die Sachen umzubauen?" „Vom Tischler durch neue Teile ersetzt" „Durch Holztüren ersetzt" „Durch sparsamere LED-Leuchten ersetzt" „Es hat ja niemand mehr Werkzeug zu Hause!" „Das ist noch ein weiter Weg bis dahin ..."

Nach vielen Gesprächen und zahlreichen gesammelten Objekten bewegen wir uns weiter in Richtung unserer temporär aufgebauten Werkstatt und Kaffeestation im hinteren Teil des Areals. Gemeinsam mit neugierigen Besucher:innen machen wir Pause.

DAMIT BEGINNT DER ZWEITE AKT des Tages. Vorerst teilen wir uns auf. Ein Teil bleibt weiterhin in der Rolle der Annehmer:innen, führt Gespräche und stellt Fragen. Die anderen beginnen damit, die Werkstatt zu erweitern. Die weiße Plane ist halb-halb installiert. Zur Hälfte bedeckt sie den Boden und kreiert eine reinweiße, saubere Fläche.

ALTSTOFFSAMMELZENTRUM
STREM

47.042437,
16.429389

04/05/2024
06:30–17:00 Uhr

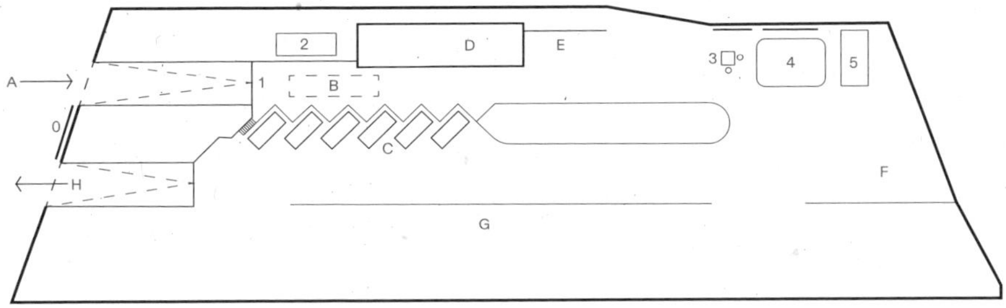

Abb. 32
Lageplan der bestehenden Infrastruktur in Strem und der temporären Interventionen. Der Pop-up-Umbauhof nutzt einen Randbereich des Geländes zur räumlichen Entkopplung von Annahme, Sichtung, Dokumentation und Präsentation vom laufenden Betrieb.

INFRASTRUKTUR VOR ORT

A Einfahrt
B Waage
C Container für unterschiedliche Materialien
D Lagerplatz für Problemstoffe und Elektronik
E Reservefläche für Container
F Lagerung von Bauschutt
G Lagerung von Grünschnitt und Kompost
H Ausfahrt

INTERVENTIONEN/ADD-ONS

0 Banner Pop-up-Umbauhof
1 Annahme der Bauteile und Interviews
2 Zwischenlagerung auf Plane und Etikettierung
3 Dialog und Kaffee
4 Plane zum Zerlegen, Säubern, Reparieren, Dokumentieren
5 Plane zur ästhetischen Präsentation

Die andere Hälfte faltet sich vertikal in die Höhe, in diesem Fall bespielen wir den Zaun, die Grenze zur Nachbarschaft. Vor der Plane steht ein Stativ mit einer Kamera. Das Set-up dient übergangsweise als Foto- und Dokumentationsstation. Eine alte Tür ergänzt unsere Böcke zu einer Werkbank. Kurzzeitig laufen der erste und zweite Akt der Performance gleichzeitig ab. Gesammelte Teile werden je nach Bedarf kurz abgefegt und abgewischt. Ab jetzt werden sie nur noch mit weißen Stoffhandschuhen angefasst. Jedes Bauteil wird fotografiert. Eine Serie von Bauteilporträts entsteht. Mit der Zeit füllen sich die Container mit Müll, während sich parallel der UMBAUHOF entfaltet. Es ist ein lebendiges Gewusel aus und zwischen Dingen. Ein Austausch von Materialitäten und Immaterialitäten. Gespräche finden statt, Geschichten werden erzählt und Wissen wird weitergegeben. Materialitäten und Immaterialitäten werden aktiv angepackt und berührt.

IM DRITTEN UND VIERTEN AKT beginnt das Auslegen und Präsentieren der Objekte. Die Plane rutscht auf den Boden und definiert eine 8 mal 8 Meter große Fläche. Wir möchten vor allem die veränderte Wertschätzung für die gesammelten Teile vermitteln und sichtbar

machen. Geordnet, etikettiert und ästhetisch ausgelegt, erscheinen sie erneut, jetzt verändert, auf dem weißen Feld. Es kommt vor, dass der eine oder die andere Besucher:in ein für sich wertvolles Teil entdeckt und mitnimmt. Durch den veränderten Umgang und die Präsentation, die Wertschätzung für die Teile, durch kleine, aber offensichtliche Veränderungen, minimale Eingriffe und verkörperte Gesten bleiben 22 Teile, darunter 5 Türen, 1 Fenster, 1 Lampe, verschiedene Ziegel, Dachbalken und Fliesen, im Baustoffkreislauf.
Das schöne Wetter vereinfacht die anstrengende körperliche Arbeit, das Aufnehmen, Sammeln, Reinigen, Dokumentieren, das Auslegen und Präsentieren. Auch das Kommunizieren ist leichter unter blauem Himmel. Es entspannt und entschleunigt die Arbeit, mehr Zeit und mehr Raum für Gespräche entstehen. Das ist wichtig für den Austausch zwischen uns und den Besucher:innen.

POP-UP-UMBAUHOF EISENSTADT
24. Mai, 8 Uhr morgens

Wir setzen unser Projekt „Pop-up-Umbauhof" fort. Wir fahren, vorbei an Wiesen und auffallend großen landwirtschaftlichen Flächen, bis nach Eisenstadt. Die intensivrote Blüte der Mohnblume taucht vor allem auf dem letzten Stück der Strecke immer wieder am Straßenrand auf – ein Indiz für lockere Böden mit ausreichender Wasserversorgung. Eisenstadt ist eine kleine Stadt, aber immerhin Landeshauptstadt mit ca. 16 000 Einwohner:innen im nördlichen Teil des Burgenlands. Das Gelände des Altstoffsammelzentrums liegt am Ende einer langen Zufahrtsstraße. Das Areal selbst wirkt komplexer, unzugänglicher, abgeschlossener und dadurch größer und zugleich dichter. Eine Baumreihe zieht sich um das gesamte Areal und bildet auf der einen Seite die Grenze zwischen Bauhof und Feldern. An der gegenüberliegenden Seite schirmen sie den Bauhof von der dahinterliegenden Schnellstraße S31 ab. Sie schützen den Ort, und wir spüren die Ruhe im Areal. Vom Eingang aus nehmen wir die spitzwinklige Form des 8 250 Quadratmeter großen Areals wahr. Es wirkt zugleich abgeschottet und dicht, wie ein eigenes kleines Universum. Zur Straße hin werden die Bäume dichter, was wohl als Lärm-, Sicht- und Windschutz zu verstehen ist. Ein Bach fließt entlang der Seite zu den Wiesen und Feldern. An der Spitze ist das Areal durch eine kleine Baumgruppe verdichtet.

Vor Ort begrüßen wir den diensthabenden Mitarbeiter, der uns eine Führung durch das Areal gibt. Die gesamte Fläche unterteilt sich in mehrere Bereiche. Wir gehen vorbei an der Altglassammelstelle und überqueren den großflächigen Bereich des Bauhofs. Erst dahinter öffnet sich das Areal des Altstoffsammelzentrums, das wie in Strem aus einem asphaltierten Bereich und einem mit offenem Boden besteht. Ein großflächiges Dach schützt die darunterstehenden Container. Auch auf dem Bauhof in Eisenstadt wird der Müll in Fraktionen unterteilt. Mehrere Kies-, Sand- und Steinhaufen in unterschiedlichen Größen und Formen erheben sich auf dem Areal. Manche Haufen blühen! Die Mohnblume taucht auch auf den Materialhügeln auf. Auf der großen, freien Fläche stehen einzelne Container und im Zentrum eine zurückgelassene Kompostanlage. Am Eingang befindet sich, losgelöst vom direkten Betrieb, ein Haus mit Büros, Informations- und Kontaktstelle, Aufenthaltsräumen, Umkleiden, Toiletten und Küche der Mitarbeiter:innen.

Das Gebäude ist deutlich größer als das direkt in den Betrieb integrierte Mitarbeiterhaus in Strem. Das Gebiet ist weitläufig und dennoch überschaubar. Über den zentralen, asphaltierten Bereich bewegen sich die Container hin und her. Der Ort ist überraschend ruhig und zum Zeitpunkt unseres Besuchs faszinierend grün, eingefriedet von den Bäumen, abgeschnitten von der restlichen Umgebung. Die Vögel zwitschern, wenn sie nicht gerade vom Lärm eines rollenden Containers übertönt werden. Im Abstand weniger Minuten presst ein Mitarbeiter mit der Schaufel eines Baggers den Müll zusammen, der sich in den Containern sammelt, damit wieder Platz für noch mehr ist.

Nach einiger Beobachtungszeit richten wir uns, wie auch bei unserem ersten Pop-up-Umbauhof, ein. Wir errichten unsere temporäre Werkstatt, entfalten die Plane halb auf dem Boden und halb am Container. Davor steht unser Stativ mit aufgesetzter Kamera. Dieses Mal arbeiten wir zu dritt. Die Rollenverteilung ist anders. Nicht alle Rollen und Positionen, die besetzt werden müssten, können besetzt werden. Daher fungieren wir oft in Doppelrollen und springen zwischen den verschiedenen Stationen hin und her. Von unserer räumlichen Position auf dem Areal aus sehen wir nicht direkt, wie die Besucher:innen ankommen. Die Einfahrt liegt, für uns nicht sichtbar, hinter der großflächigen Überdachung. Das macht es schwierig, ankommende Besucher:innen abzufangen. Das Gespräch, das sich als sehr wertvoll herausgestellt hat, geht verloren. Es ist ein wichtiger erster Moment, in dem wir uns näherkommen. Es ist die erste Konfrontation.

An diesem Tag ist sichtbar weniger Andrang. Es ist bewölkt und die dunkelgrauen, nach Regen aussehenden Wolken vertreiben bei einigen wohl den Gedanken, zur Altstoffsammlung zu fahren. Dennoch, sobald wir in Kontakt mit den Besucher:innen kommen, zeigen sie sich sehr interessiert und mit der Thematik vertraut. Hauptsächlich begegnen wir auch hier Erwachsenen, im Durchschnitt sind sie jedoch etwas jünger als in Strem. Sie reagieren anders, weniger überrascht, dass wir in ihrem Müll einen Wert sehen. Ein Besucher lächelt, als wir einen alten Balken begutachten, und erzählt sofort seine Geschichte. Aufgrund des vorherrschenden Bewusstseins passieren die Gespräche auf einer anderen Ebene und unterscheiden sich von denen in Strem. Besucher:innen vermitteln uns Kontakte, eine erzählt von ihren Erfahrungen und Besuchen auf Sammelstellen für ihr eigenes Upcycling-Projekt. Wir bekommen den Eindruck, dass die Thematik der Wiederverwendung für Möbel bereits präsent ist, ebenso für ein zirkuläres Handeln und das Bewusstsein für unser gigantisches Anhäufen von Müll. Dennoch scheint das Thema weniger präsent zu sein, wenn wir beginnen, es im Maßstab von Baustoffen ins Gespräch zu bringen.

Die mitgebrachten Teile unterscheiden sich stark voneinander. In Eisenstadt scheinen sie für uns auf den ersten Blick weniger wertvoll, wenn wir allein die Materialität und Verarbeitung der Dinge betrachten. Auch der emotionale Wert scheint geringer. Nur in seltenen Fällen sind es tatsächlich alte Teile. Oft sind es Überbleibsel von Neubau- oder Renovierungsarbeiten. Wir sammeln Leuchten aus Glas, Metall und Kunststoff, Hochlochziegel aus Lehm, Beton- und Porenbetonsteine, ein paar alte, wunderschöne Dachbalken, Holzständer, Schalungsbretter und weitere Holzbretter, eine Platte aus Glas, ein Holzgestell, Aluminiumprofile, Schranktüren, Keramikfliesen, eine Kunststoffleuchte, eine Vase und mehrere Holzbretter. Wir sammeln und dokumentieren, bis es anfängt zu regnen – dann kommt auch niemand mehr. Die meisten gesammelten Gegenstände laden wir ins Auto, um sie für unsere geplante Ausstellung in Eisenstadt wiederzuverwenden und erneut auszulegen.

Wir erfahren den Ort und entwickeln eine Beziehung dazu, indem wir uns aktiv mit ihm auseinandersetzen. Wir erleben die vorhandene Infrastruktur, erkennen Potenzial in der vorhandenen Dichte und Präsenz unterschiedlicher Materialien. Unsere Stationen passen sich an ihr vorgegebenes Umfeld an. Wir schaffen Pausen und damit Zeit, unterschiedliche Atmosphären und lassen einen rein funktionalen, konstruktiven Ort ästhetisch erscheinen. Wir setzen uns zwischen

ALTSTOFFSAMMELZENTRUM EISENSTADT | 47.829884, 16.547788 | 04/05/2024 07:00–16:00 Uhr

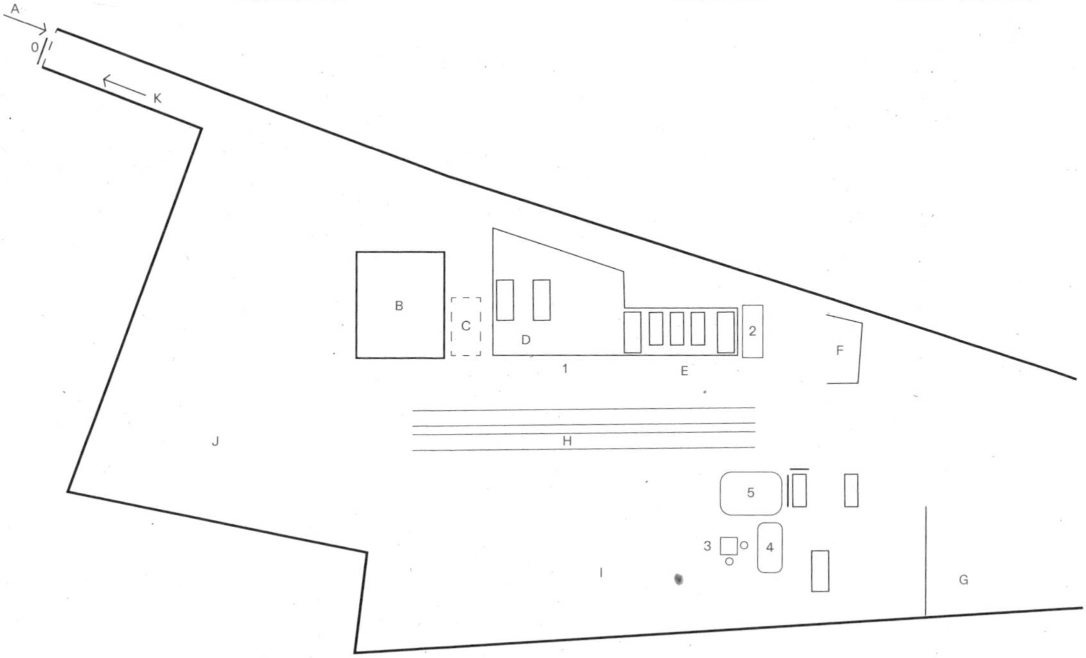

Abb. 33
Lageplan der bestehenden Infrastruktur in Eisenstadt und der temporären Interventionen. Der Pop-up-Umbauhof erweitert die bestehende Logistik um zusätzliche Prozessschritte.

INFRASTRUKTUR VOR ORT

A Einfahrt
B Verwaltungsgebäude
C Waage
D Lagerplatz für Problemstoffe und Elektronik
E Überdachte Containerstellplätze
F Lagerung von Bauschutt
G Lagerung von Grünschnitt
H Kompostieranlage
I Reservefläche für Container
J Reservefläche für Geräte und Maschinen
K Ausfahrt

INTERVENTIONEN/ADD-ONS

0 Banner Pop-up-Umbauhof
1 Annahme der Bauteile und Interviews
2 Zwischenlagerung auf Plane und Etikettierung
3 Dialog und Kaffee
4 Plane zum Zerlegen, Säubern, Reparieren, Dokumentieren
5 Plane zur ästhetischen Präsentation

die Container, trinken Kaffee, laden die Besucher:innen ein und beobachten gemeinsam, wie sich das Licht und die Stimmung des Ortes verändern. Wir reinigen die Balken, sortieren die Ziegel, so wird der verborgene Wert der Materialien spürbar. Unser Umgang mit den Objekten, wie wir die Dinge angreifen und behandeln, verkörpert nicht nur den Wert, der darin verborgen steckt, sondern auch die Aktualität und Dringlichkeit des Handelns innerhalb der Thematik.

Aus dieser konkreten Erfahrung heraus öffnet sich der Blick auf Bauhöfe als Orte mit konfliktträchtigem Potenzial. Aufgrund der Geräuschkulisse von laufenden Motoren der Maschinen und dem Zusammenpressen des Materials kommen Besucher:innen und Mitarbeiter:innen selten miteinander ins Gespräch. Bei aufkommenden

Fragen müssen Sie sich anschreien. Es gibt Überforderung und Fragen aufgrund von ungenauem Wissen: Wohin mit dem Müll? Ist es Abfall oder Wertstoff? Wie entsorge ich meinen Müll richtig? Wie bleibt der Altstoff ein Wertstoff und wer entscheidet dies? Fragen wie diese betreffen unsere Gesellschaft, unsere Systeme und Organisation. Es gibt schmerzvolle Konflikte und die Erfahrung des Loslassens. Emotionen hängen am Material, Erinnerungen und Gefühle, die, im Akt des Wegwerfens aufgewirbelt, neu aufkommen und gelöst werden. Etwas wegzuwerfen bedeutet, etwas loszulassen, aber eben auch etwas zu ersetzen und neu zu kaufen. Was bedeutet das für uns? Vor Ort kommen Menschen in Berührung mit sich selbst, mit anderen Menschen und Materialien. Sie treffen die Entscheidung zu handeln und sind dabei selbst aktiv. Sie sind Akteur:innen. Bauhöfe sind Infrastrukturen, die das Potenzial in sich tragen, uns aktiv werden zu lassen – dynamische Räume, die Konflikte anstoßen und sichtbar machen. Was, wenn wir Umbauhöfe zukünftig als Orte betrachten, die Konflikte aushalten können – mit Humor und Leichtigkeit. Als solche sind sie keine reinen Entsorgungsinfrastrukturen mehr, sondern gesellschaftliche Aushandlungsräume.

POP-UP-UMBAUHÖFE ALS HANDLUNGSRÄUME

In Weiß gekleidet, bewegen wir uns zwischen den Containern wie in einem Labor. Jeder Griff, jede Handbewegung zeigt, dass wir den Umbauhof ernst nehmen. Wir verkörpern eine Vision, die heute mehr als notwendig ist. Wir heben, begutachten und sortieren die Materialien, spüren ihr Gewicht und ihre Geschichte – so wird die Verantwortung, achtsam mit dem Überschuss umzugehen, spürbar. Wie können wir als Architekt:innen auch in Zukunft mit diesem Bewusstsein im Einklang mit unserem Planeten handeln? Als Architekt:innen haben wir den Einblick in aktuelle Zahlen innerhalb der Baubranche und konfrontieren uns täglich mit Fragen wie diesen: Bauen oder nicht bauen und, wenn ja, wie? Was passiert mit dem Überschuss an Material? Wieso brauchen wir so viel Neues? Als Architekt:innen haben wir einen Blick für Ästhetik und ein Verständnis für die Wirkung und Auswirkung von Materialien auf unser Umfeld, ebenso wie eine geübte Vorstellungskraft für Veränderung und mögliche Adaption. Wir erkennen verborgene Möglichkeiten und Potenziale. Als Architekt:innen haben wir ein klares Bild der Realität vor Augen. Das Projekt „Umbauhof" verkörpert die Rolle der Architekt:innen, die über das Entwerfen und Bauen hinausgeht. Sie besteht darin, gesellschaftliche Zusammenhänge sichtbar zu machen, Verantwortung zu übernehmen und Räume für gemeinsames Handeln zu öffnen – nicht über Pläne oder fertige Objekte, sondern durch die direkte Arbeit mit Material, durch Begegnung, Gespräch und körperliche Erfahrung. Jedes Teil, das wir anfassen, aufnehmen, behandeln, auslegen oder neu zusammensetzen, wird Ausgangspunkt für andere Perspektiven. In der bewussten Interaktion mit Menschen und Dingen entsteht ein Raum des Lernens, des Austauschs und der Sensibilisierung – ein Raum, in dem Architektur nicht als Produkt, sondern als Haltung wirksam wird.

Und so öffnet sich der Blick über den Umbauhof hinaus auf die Möglichkeiten, wie Architektur künftige Räume des Handelns prägen kann.

Abb. 35

Abb. 34 *(S. 70)*
Mit der weißen Plane entsteht auf dem Gelände des Altstoffsammelzentrums in Strem ein temporärer Arbeits- und Präsentationsraum.

Abb. 35
Das Anbringen des Umbauhof-Banners signalisiert die temporäre Weiterentwicklung des Bauhofs.

SCHEIBELHOFER

ALTSTOFFSAMMELZENTRUM
Bauschuttzwischenlager
Brückenwaage
DER GEMEINDEN
HEILIGENBRUNN, MOSCHENDORF,
STREM
UMBAUHOF

868
747

8070 STEYR
36
UDB

FIAT
PROFESSIONAL
LEICHT

Abb. 41

Abb. 36 *(S. 72–73)*
Fahrzeuge aus der Umgebung reihen sich bereits am Morgen vor dem Umbauhof ein.

Abb. 37 *(S. 74–75)*
In weißen Overalls sind die Mitarbeiter:innen des Umbauhofs deutlich zu erkennen.

Abb. 38 *(S. 76–77)*
Wiederverwendbare Bauteile werden direkt aus den Fahrzeugen, Anhängern und landwirtschaftlichen Transportmitteln entladen und für die Sichtung bereitgestellt.

Abb. 39 *(S. 78–79)*
Mit dem Aufspannen der weißen Plane wird eine provisorische Dokumentationsfläche eingerichtet, vor der die Bauteile einzeln gesichtet und fotografisch erfasst werden.

Abb. 40 *(S. 80)*
Gereinigte Bauteile werden auf der Plane ausgelegt, sortiert und mit Etiketten zur weiteren Erfassung markiert.

Abb. 41
Parallel zur Anlieferung erfolgt die formale Registrierung der Bauteile – Grundlage für Inventarisierung und Weitervermittlung.

Abb. 42

Abb. 42
Eine Tür mit Glasfenster kann womöglich an anderer Stelle wieder eingebaut werden.

Abb. 43 *(S. 83)*
Eine der ersten Interventionen am Pop-up-Umbauhof war die kurzfristig eingerichtete Kaffeestation aus vorgefundenen Bauteilen: Dialog bei Kaffee, Kuchen und Blumen vom angrenzenden Feld.

Abb. 46

Abb. 44 *(S. 84–85)*
Ein geborgenes Bauteil wird zur weiteren Prüfung und Wiederverwendung aus dem Entsorgungsstrom herausgenommen.

Abb. 45 *(S. 86)*
Freigestellt vor weißem Hintergrund wird die alte Tür vom Abfall zum wiederverwendbaren Bauteil.

Abb. 46
Holzsegmente werden zur Prüfung und Vermessung aufgestellt.

Abb. 49

Abb. 47 *(S. 88–89)*
Temporärer Arbeitsraum des Umbauhofs: Annahme, Prüfung, Dokumentation und Präsentation erfolgen parallel auf der weißen Plane.

Abb. 48 *(S. 90)*
Bauteile auf dem Weg vom Annahmebereich zur weiteren Prüfung und Dokumentation.

Abb. 49
Die Objekte werden, nach Kategorien geordnet, nebeneinander zur Schau gestellt.

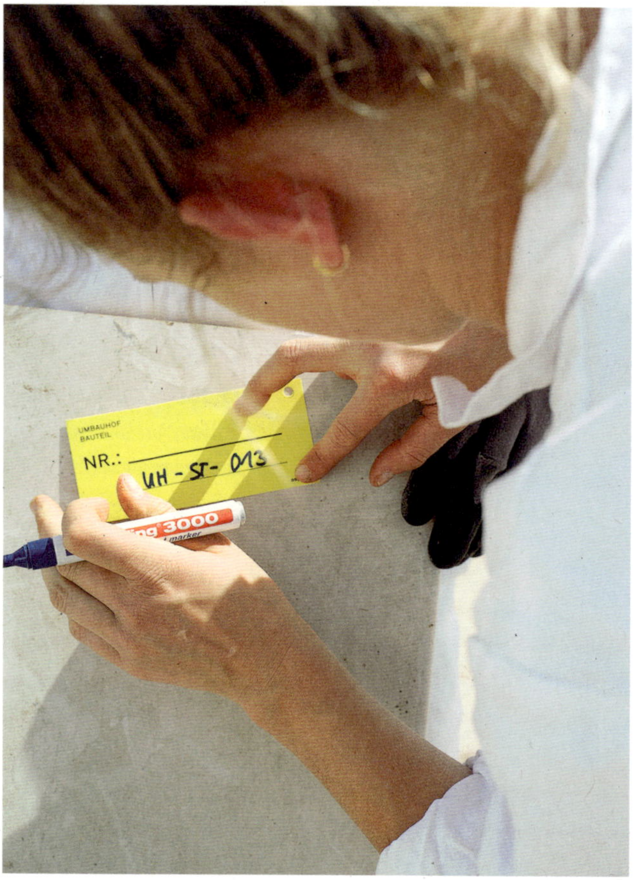

Abb. 50

Abb. 50
Jedes Objekt erhält ein individuelles Etikett mit Identifikationsnummer und Herkunftsangabe.

Abb. 51 *(S. 93)*
Durch die Anordnung der unterschiedlichen Objekte nebeneinander treten unerwartete Bezüge zwischen ihnen hervor.

Abb. 52 *(S. 94–95)*
Temporäres Archiv der in Strem gesicherten Bauteile.

Abb. 51

Weniger Treibhausgas-emissionen durch Wiederverwendung

Elena Boerman und Dirk E. Hebel

Das System der planetaren Grenzen, welches 2009 von einem Team aus Wissenschaftler:innen unter der Leitung des Klimaforschers Johan Rockström eingeführt wurde, beschreibt das menschliche Einwirken auf die natürliche Ausgewogenheit der Erde. Es basiert auf der Definition von neun kritischen, biophysikalischen Prozessen für ein stabiles natürliches Gleichgewicht der Erde und auf der Festlegung von Grenzwerten für einen Bereich, in dessen Rahmen dieses Gleichgewicht dauerhaft aufrechterhalten werden kann.[1] Heute sind laut Erhebungen des Potsdam-Instituts für Klimafolgenforschung sieben von neun planetaren Grenzen überschritten, und nur eine von ihnen ist der Klimawandel.[2] So ist heute die in der Atmosphäre nachgewiesene Konzentration von CO_2 deutlich höher, als sie über Hunderttausende von Jahren hinweg nachgewiesen werden konnte, womit ein deutlich beschleunigter globaler Temperaturanstieg einhergeht.[3]

Um diesen menschengemachten Entwicklungen regulativ entgegenzuwirken, wurde 2015 auf der Weltklimakonferenz in Paris ein Übereinkommen verfasst, mit dem sich die 195 unterzeichnenden Staaten dazu verpflichteten, den globalen Temperaturanstieg durch die Reduktion von Treibhausgasemissionen im Vergleich zum vorindustriellen Niveau auf deutlich unter 2,0 Grad Celsius, möglichst 1,5 Grad Celsius, zu begrenzen.[4] Dazu sollen die gemeinsam beschlossenen Ziele in nationale Strategien zur Einsparung von Treibhausgasen übersetzt und sukzessive an die aktuelle Situation angepasst werden, um die globale Erwärmung wirksam zu

1 Wijkman, Anders/ Rockström, Johan. *Bankrupting Nature. Denying Our Planetary Boundaries.* Stockholm 2012, 44 f.

2 Planetary Boundaries Science/ Potsdam Institute for Climate Impact Research (Hrsg.). „Planetary Health Check 2025. A Scientific Assessment of the State of the Planet". www.planetaryhealthcheck.org (23.2.2026).

3 Global Monitoring Laboratory/National Oceanic and Atmospheric Administration (Hrsg.). „The NOAA Annual Greenhouse Gas Index (AGGI)". Sommer 2024. https://gml.noaa.gov/aggi/aggi.html (23.2.2026).

begrenzen.[5] Dennoch wurden die damit verbundenen Potenziale zur Dekarbonisierung des Bauwesens in Deutschland bislang noch nicht wirksam ausgeschöpft.

Der Bau von Gebäuden und Infrastrukturen in Deutschland ist mit rund 500 Millionen Tonnen für knapp 40 Prozent des inländischen Rohstoffkonsums verantwortlich[6] und damit einer der größten Emittenten von Treibhausgasemissionen. Das Bundesinstitut für Bau-, Stadt- und Raumforschung (BBSR) gibt an, dass ein Anteil von gut 40 Prozent der gesamten Treibhausgasemissionen in Höhe von 746 Millionen Tonnen CO_2-Äquivalenten[7] in Deutschland auf die Herstellung, Errichtung, Instandhaltung und den Betrieb von Wohn- und Nichtwohngebäuden zurückzuführen ist.[8] Das Ziel einer Bauindustrie innerhalb planetarer Grenzen kann deshalb nur durch das Streben nach einer Emissionsfreiheit von Gebäuden in Kombination mit der kreislaufbasierten Ressourcenwende erreicht werden. So setzt sich eine ganzheitliche Betrachtung des Bauens aus der ressourcengerechten Bereitstellung von Materialien und Bauteilen, dem Erhalt und dem Umbau von bestehenden Gebäuden, der sortenreinen und kreislaufoptimierten Planung und Umsetzung von baulichen Maßnahmen und der emissionsfreien Versorgung von Gebäuden über alle Lebenszyklen hinweg zusammen.

Aus diesem Anlass ist es notwendig, durch das Werkzeug von Ökobilanzierungen nach geltenden europäischen Normen[9] die in den verschiedenen Lebenszyklusphasen eines Gebäudes – von der Rohstoffgewinnung über die Produktion und Herstellung von Materialien bis zur Nutzung, der Instandhaltung und dem Rückbau – entstehenden Treibhausgasemissionen und weitere Umweltwirkungen zu erfassen und zu aggregieren (Abb. 53). Die Methode ermöglicht die Quantifizierung von Auswirkungen auf diverse Umweltwirkungskategorien wie Biodiversität, Ressourcenverknappung, Ökotoxizität und globale Erwärmung. Bereits in frühen Planungsphasen können auf diese Weise zum Beispiel entstehende Treibhausgasemissionen ermittelt und durch informierte Planungsentscheidungen deutlich reduziert werden. So lassen sich Projekte hinsichtlich ihrer Umweltqualitäten vergleichen sowie erreichbare, klimagerechte Grenzwerte ermitteln und festlegen. Die EU-Gebäuderichtlinie (EPBD) fordert in diesem Zusammenhang bereits ab 2027 in allen Staaten der Europäischen Union verpflichtend die Einführung nationaler Emissionsreduktionspfade mit Grenzwerten für das Treibhauspotenzial, das über den gesamten Lebenszyklus aus Baumaßnahmen maximal hervorgehen darf, um nationale Klimaziele zu erreichen.

4 Bundesministerium für wirtschaftliche Zusammenarbeit und Entwicklung. „Klimaabkommen von Paris". www.bmz.de/de/service/lexikon/klimaabkommen-von-paris-14602 (23.2.2026).

5 United Nations. „The Paris Agreement". www.un.org/en/climatechange/paris-agreement (23.2.2026).

6 Statistisches Bundesamt. „Umweltökonomische Gesamtrechnungen. Gesamtwirtschaftliches Materialkonto. Berichtszeitraum 1994–2019/2020". Wiesbaden 2021.

7 Deutsche Energie-Agentur (dena). „DENA-Gebäudereport 2024. Zahlen, Daten, Fakten zum Klimaschutz im Gebäudebestand". Berlin 2023, 49.

8 Bundesinstitut für Bau-, Stadt- und Raumforschung. „Umweltfußabdruck von Gebäuden in Deutschland". *BBSR-Online-Publikation 17* (2020). www.bbsr.bund.de/BBSR/DE/veroeffentlichungen/bbsr-online/2020/bbsr-online-17-2020-dl.pdf (23.2.2026).

9 Deutsches Institut für Normung. „DIN EN 15978. Nachhaltigkeit von Bauwerken – Bewertung der Umweltleistung von Gebäuden – Methodik". Berlin 2011.

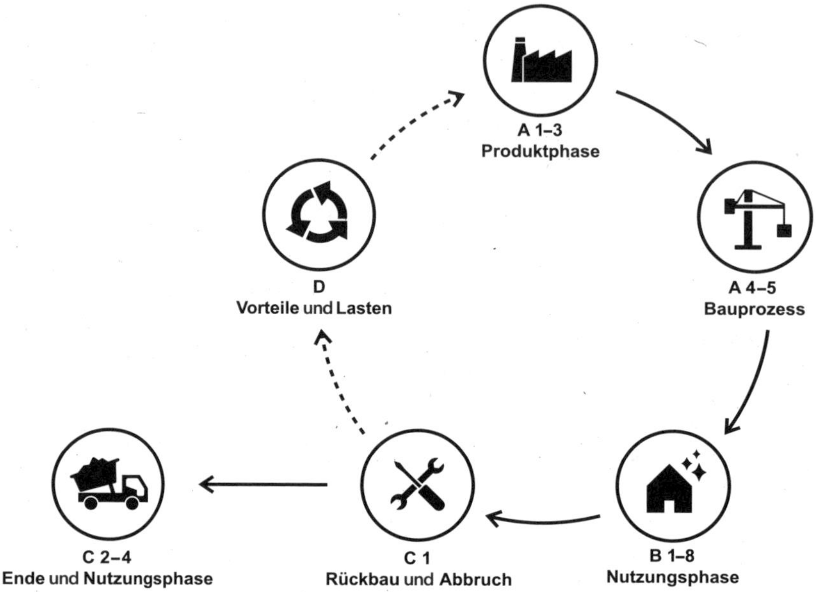

Abb. 53

Abb. 53
Betrachtungsphasen und Module einer Ökobilanzierung im Bauwesen.

PRODUKTPHASE
A1 Gewinnung und vorgelagerte Produktion
A2 Transport zum Werk
A3 Herstellung

BAUPROZESS
A4 Transport zur Baustelle/Produktion
A5 Bau/Installation (einschließlich Baufeldräumung, Vorbereitung)

NUTZUNGSPHASE
B1 Nutzung
B2 Instandhaltung
B3 Instandsetzung
B4 Austausch von Bauwerksteilen
B5 Modernisierung
B6 Energieeinsatz für den Betrieb
B7 Wassereinsatz für den Betrieb
B8 Weitere gebäudebezogene Nutzungsaktivitäten

RÜCKBAU UND ABBRUCH
C1 Rückbau/Abbruch

ENDE DER NUTZUNGSPHASE
C2 Transport zur Abfallbehandlung oder Entsorgung
C3 Abfallbehandlung für Wiederverwendung/Verwertung/Recycling
C4 Abfallentsorgung

VORTEILE UND LASTEN
D1 Potenzielle Netto-Vorteile aus Wiederverwendung, Recycling, Energie- und/oder sonstige Rückgewinnungsprozesse
D2 Potenzielle Vorteile und Energie (z. B. elektrische Energie, thermische Energie, Trinkwasser)

Einige europäische Staaten gelten als Vorreiter in Bezug auf Emissionsreduktion im Bauwesen und führen bereits frühzeitig politische Lenkungsmechanismen ein, welche die geltenden Vorgaben aus der EU-Gebäuderichtlinie in die nationale Gesetzgebung übersetzen. Die dänische Regierung konnte beispielsweise durch die zunächst freiwillige Evaluierung von Umweltwirkungen, die im Zusammenhang mit Baumaßnahmen entstehen, und die intensive Begleitung der Gebäudeökobilanzierungen durch wissenschaftliche Institutionen eine hinreichende Menge an Datengrundlagen schaffen, um das Treibhauspotenzial von Gebäuden in Dänemark, also die über den gesamten Gebäudelebenszyklus entstehenden Treibhausgasemissionen, zu quantifizieren. Die Grundlage hierfür war die Abstimmung einer einheitlichen Berechnungsmethodik zur Ermittlung von lebenszyklusbezogenen Treibhauspotenzialen von Gebäuden durch Ökobilanzierungen, die den Abbau von Rohstoffen, die Herstellung von Baumaterialien, deren Instandhaltungs- und Austauschprozesse in der Nutzungsphase sowie die Entsorgung und Abfallbehandlung am Ende des Gebäudelebenszyklus einbezog.

So erschien im Januar 2023 eine nationale bauordnungsrechtliche Gesetzgebung, die angemessene, aber zugleich sehr ambitionierte Anforderungen an das Treibhauspotenzial von Baumaßnahmen in Dänemark stellte.[10] Erklärtes Ziel der Regierung war (und ist nach wie vor) die effektive Reduktion von Treibhausgasemissionen im Bauwesen durch die Einführung einzuhaltender Grenzwerte im Rahmen eines Emissionsreduktionspfades, der Jahr für Jahr mithilfe von zentral gesammelten Ökobilanzierungsdaten überprüft und angepasst wird.

Doch wie kann der Einsatz von Ökobilanzierungen zur Reduktion von Treibhausgasemissionen zugleich effektiv zur Stärkung einer Kreislaufwirtschaft im Bauwesen führen? Und welche Strategien führen dazu, Materialien nicht als *Verbrauchsgüter*, sondern als *Gebrauchsgüter* zu verstehen, die unendlich in einem Kreislauf gehalten werden können, ohne dass sie jemals als Müll deklariert werden?

Studien zufolge entsteht der überwiegende Anteil der lebenszyklusbezogenen Treibhausgasemissionen zu Beginn des Gebäudelebenszyklus bei der Herstellung der Baumaterialien.[11] Die Erhaltung von bestehenden Gebäuden und die Wiederverwendung von Bauteilen ist demzufolge eine wirksame Strategie, um diese enormen Umweltwirkungen zu reduzieren. Denn der Erhalt von Bausubstanz kann laut geltender DIN-Norm ohne Treibhausgasemissionen für die Herstellungsphase in die Berechnung einfließen. Auch bei der Wiederverwendung und dem Wiedereinsatz von Baumaterialien im Zuge von (Um-)Baumaßnahmen an einem Gebäude kann ihre Herstellungsphase hinsichtlich entstehender Treibhausgasemissionen unbetrachtet bleiben. Die Wiederverwendung von Materialien und ganzen Gebäudestrukturen als Kernstrategie einer Kreislaufwirtschaft im Bauwesen ist in Bezug auf entstehende Treibhausgasemissionen also deutlich attraktiver als der Einsatz von Primärmaterialien und wirkt sich somit deutlich vorteilhaft auf die Ökobilanzierung von Baumaßnahmen aus, in deren Rahmen diese Strategien Anwendung finden (Abb. 54).

Dänemark geht als Vorreiter in diesem Zusammenhang im Zuge seiner nationalen Strategie zur Emissionsreduktion im Bauwesen sogar noch einen mutigen Schritt weiter: Bei der Ermittlung von entstehenden Treibhausgasemissionen wird der gesamte Lebenszyklus von bestehenden und erhaltenen Bauteilen und Gebäuden nicht bilanziert.[12] Dies steigert erneut die emissionsbezogene Rentabilität von Wiedergewinnung und Wiederverwendung sowie Umbau und Transformation von Gebäudebestand und bestärkt Planende in der Weiterentwicklung des kreislaufbasierten Planens und Bauens. Weitere Bewertungsvorteile können für zirkulär (um-)gebaute Gebäude am Ende ihrer Nutzungsphase entstehen: Denn durch die konsequent kreislaufgerechte Gebäudeplanung können rücksichtsloser Gebäudeabbruch ausgeschlossen, Rückbau- und Demontageprozesse erleichtert, Material- und Bauteiltransporte auf ein unbedingt erforderliches Maß minimiert und Abfallvorbereitungs- und Entsorgungsprozesse weitgehend vermieden werden, was sich in der Bewertung von Umweltwirkungen einer Baumaßnahme deutlich

10 Balouktsi, Maria/ Birgisdóttir, Hólmfríður. „Analysis of New Modules in Connection with Calculation of the Climate Impact of Buildings". *BUILD Report 23* (2023), hrsg. von Department of the Built Environment. Aalborg University, 4.

11 „Die Peaks der kumulierten Treibhausgasemissionen im Lebenszyklus eines Gebäudes". In *Netto-Null. Handlungsoptionen für ein klimaneutrales Bauen.* Espazium-Schriftenreihe transfer 1 (2022). Beilage zu *TEC21 11* (2022), 13.

12 Nordic Sustainable Construction. „Reuse of construction materials is rewarded in the Nordic building LCA." 9.5.2023. www.nordicsustainableconstruction.com/news/2023/may/reuse-of-construction-materials (23.2.2026)

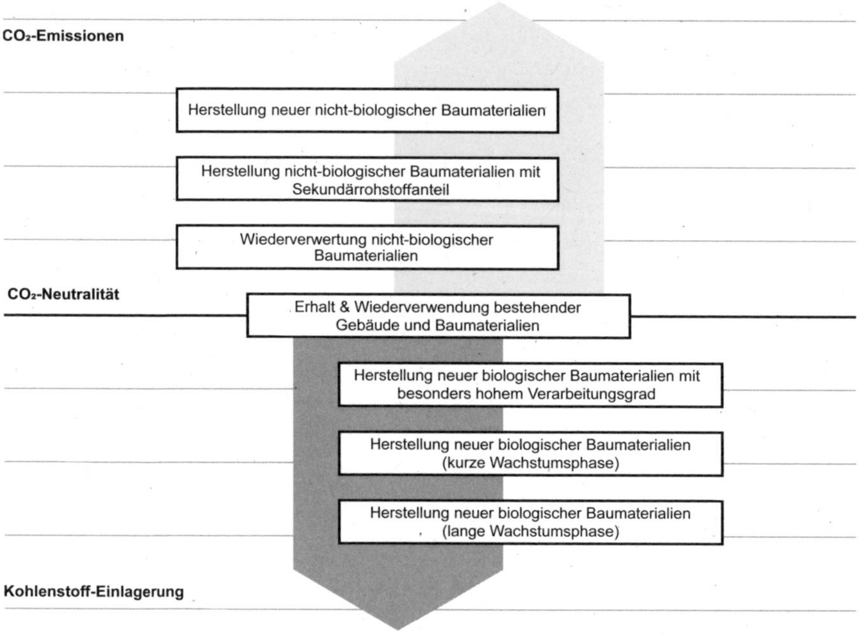

Abb. 54

Abb. 54 Einflussgrößen auf den CO_2-Fußabdruck.

13 Nordic Sustainable Construction. „Danish Political Agreement Tightens the Limit Values for New Buildings and Extends the Impact". 4.6.2024. www.nordicsustainableconstruction.com/news/2024/june/tillaegsaftalepaa-engelsk (23.2.2026).

positiv niederschlagen kann. Darüber hinaus können Gebäude mit einem integrierten kreislaufbasierten Entwurfs- und Konstruktionsansatz auch am Ende ihres Lebenszyklus für zukünftige Baumaßnahmen als werterhaltende Materiallieferanten dienen und auf diese Weise die potenzielle Wiederverwendung heute verbauter Ressourcen ermöglichen.

Nicht zu unterschätzen ist außerdem die enorme Innovationskraft, die aus einer Zielformulierung zur Emissionsreduktion über den gesamten Gebäudelebenszyklus, wie sie in Dänemark und anderen europäischen Staaten bereits in Kraft getreten ist, hervorgehen kann.[13] Führenden dänischen Architektur- und Planungsbüros zufolge ist zu beobachten, dass von Bauherrenseite noch nie zuvor so sehr auf den Bestandserhalt gedrängt wurde, noch nie so viele Baumaterialien wiederverwendet und biologische Baumaterialien mit dem Ziel der Kohlenstoffbindung eingeplant und verbaut wurden. Dies sei der Einführung des verpflichtend einzuhaltenden, nationalen Emissionsabsenkungspfades zur Erreichung international abgestimmter Klimaziele zu verdanken und in vielen Architekturprojekten aus den vergangenen Jahren bereits ablesbar (Abb. 55).

Aus diesen Beobachtungen beim europäischen Vorreiterland Dänemark ist für andere europäische Staaten insbesondere eine Konsequenz zu ziehen: Es ist unumgänglich, die zielgerichtete Absenkung von Treibhausgasemissionen und das zirkuläre Bauen und Umbauen mithilfe von

Abb. 55
Projekt „Resource Rows“, Lendager Group, Kopenhagen

lebenszyklusbezogenen Ökobilanzierungen als notwendige Gesamtstrategie zu verstehen, die das Gesamtsystem des Bauwesens wieder in Einklang mit natürlichen Kreisläufen bringen kann.

Abb. 55

Elena Boerman und Dirk E. Hebel,
Fakultät für Architektur des Karlsruher Instituts für Technologie,
Professur Nachhaltiges Bauen

Über die Zeitlichkeit einer nachhaltigen Materialpraxis

Philipp Kitzberger

WAS ZIRKULARITÄT BEDEUTEN KÖNNTE

Das Aufbegehren gegen die Linie hat sich mittlerweile zwischen beinahe alle Zeilen geschrieben. Der Fortschritt wird überholt von wenig farbenfrohen Diskussionen. Grün auf grün. Sie drehen sich um die immer gleiche Formel, biegen die fortschreitende Linie zu Kreisen und umfassen sich selbst, sind zufrieden, sind gefestigt, sind bequem unbequem.[1]

Doch haben wir unsere Vorstellung von Richtung noch nicht ganz aufgegeben. Wir hängen an unseren Pfeilen. Ohne sie gänzlich zu verwerfen, schließen wir die Linie kurz, im Versuch, ihrer Fatalität zu entkommen – der Fatalität der linearen Unzulänglichkeit, der Hast und der ständigen Enttäuschung. Wir erfinden Kreise und bewegen uns doch immer nur weiter entlang eines seidenen Fadens.

Wir tun so, als merkten wir nicht, dass der Kreis lediglich der Wunsch nach einer nie enden wollenden Linie ist. Wir zerbrechen uns den Kopf an der Definition der Linie. Wir haben die Unendlichkeit berechenbar gemacht und erklären, dass sie kein Ende haben wird, während sie das selbst gefasste Ende an sich ist.

Wir haben runde Brillen aufgesetzt, haben neue Begriffe erfunden – Begriffe, die unserer Entfremdung entsprechen. Wir antworten mit Abstraktion auf unsere Unbegreiflichkeiten und berechnen unseren Ausweg. Wir sind nicht bereit, uns zu verändern, und wir benennen *Klimawandel* in

1 Der Text basiert auf den Kapiteln „What Circularity Could Mean", „Grounding Sustainability" und „The Temporality of a Sustainable Architecture". In Philipp Kitzberger. „A Matter of Time. An Explorative Enquiry into the Attending of the Material and the Constitution of the We". Diplomarbeit. TU Wien 2023.

Klimakrise um. Und dabei drehen wir uns immer weiter in Kreisen. Grün bemalt, beruhigen sie unser Gewissen. Wir bleiben ruhig und faul und machen immer weiter.

„With circular economy's strengths in increasing resource productivity, value retention and reduction in CO_2-emissions, together with digitalization's ability to enhance transparency, efficiency and convenience and accelerate both pace and scale, the combination shows great potentials."[2]

Und so werden individuelle Schleifen zu politischen Mustern. Wir kreisen Nationalstaat um Nationalstaat ein. Wir vergleichen einander und freuen uns über den nostalgischen Wettlauf nach oben – den linearen Charakter der kreisförmigen Entwicklung.[3] Entfernt von der Macht der Schwerkraft handelt es sich um ein weiteres Projekt der Flucht. Wir verlieren den Boden unter den Füßen, reisen, ohne jemals zu landen. Es könnte dasselbe Projekt sein wie eh und je, bloß grün gestrichen, als Kreislauf bezeichnet, ohne jemals dessen Bedingungen zu be-greifen.

Und so schließen wir unser System kurz, das wir als fehlerhaft identifiziert haben. Wir verstricken uns selbst in immer wiederkehrende Irrtümer. Wir sind selbstbewusst und in uns selbst gefangen. Bevor die Zeit abläuft, läuft sie uns davon. Wir laufen entlang von Begrenzungen. Und wir verwechseln die Realität einer Linie mit dem Bild eines Kreises.

NACHHALTIGKEIT ERDEN

Nachhaltigkeit ist ein vieldeutiger Begriff, und doch in seiner Popularität zunächst ein Armutszeugnis. Er bezeichnet den Modus Operandi, den wir uns selbst auferlegt haben und nun ausdrücklich benennen müssen. Seine Notwendigkeit ist Ausdruck einer Zerrüttung, Bestätigung unserer Unzulänglichkeit und Beleg für die Erfolgsgeschichte unserer Flucht. Wir haben unsere materiellen Grundlagen verkauft, sie ausgebeutet und in die Luft geblasen. Wir haben den Boden unter den Füßen verloren, ihn uns selbst weggezogen.

Wenn wir Nachhaltigkeit jedoch an ihren Wurzeln packen und ihre Zeitlichkeit ernst nehmen, könnte unser Tun zurück auf die Erde finden. Nachhaltigkeit ist, im Gegensatz zum Kreis, zuallererst keine Abstraktion. Sie spricht von zeitlichen Abläufen und deren räumlich-materiellen Bedingungen. Sie ist vielleicht weniger ein Bild als ein Anspruch, sich auf dem Boden zu bewegen, weniger ein Verharren auf kreisender Stelle als

2 „Die Stärken der Kreislaufwirtschaft bei der Steigerung der Ressourcenproduktivität, der Werterhaltung und der Reduktion der CO_2-Emissionen in Verbindung mit der Fähigkeit der Digitalisierung, Transparenz, Effizienz und Komfort zu verbessern und sowohl das Tempo als auch den Maßstab zu erhöhen, bieten ein großes Potenzial." Nach: Lendager, Anders/ Lysgaard Vind, Ditte. *A Changemaker's Guide to the Future.* Kopenhagen 2018, 189 f.

3 „Below are the three leaders in the race to establish a circular economy – Netherlands, France, and Italy". Nach: Hope, Blaise. „How Countries Are Striving to Build Their Circular Economy". *Sustainability Mag.* 25.3.2022. https://sustainabilitymag.com/sustainability/how-countries-are-leading-build-a-circular-economy-eu-sustainability-regenerative (8.5.2025).

vielmehr eine Öffnung zum Raum, ein Ganz-nah-Rangehen, ein Landen. Nachhaltigkeit fragmentiert die Linie und verwurzelt sie in der Landschaft, wird räumlich. Sie gräbt ein, sie wartet und achtet auf hervorsprießende Gestalten – Gewächse des Interesses und der Aufmerksamkeit. Sie sind der explorative, sich windende Charakter des Wurzelns – Figuren der Konversation, Ausdrücke des Bodens.

Nachhaltigkeit spricht nicht von unendlichen Kreisen und nicht davon, in einer Ortlosigkeit zum Stillstand zu kommen. Sie ist nicht bequem und handelt nicht davon, den Fortschritt in Nostalgie zu verwandeln, sondern davon, Ideen eines Hin und Her zu verstreuen. Sie ist an Raum gebunden – konkret, materiell.

Sie ist nicht die Antithese zu einer progressiven Beschleunigung, kein Aufruf zur Verlangsamung oder zur Entschleunigung. Denn es geht nicht so sehr um Geschwindigkeit als vielmehr um Dauer, um Zeit und um deren Verräumlichung.

„[...] so-called deceleration [does not] found duration. As far as the attitude to consumption is concerned, ‚slow food' does not essentially differ from ‚fast food'. Things are consumed – no more, no less. A reduction in speed does not by itself transform the *being* of things."[4]

Nachhaltigkeit bedeutet somit eine Widerständigkeit gegenüber der Idee des Konsums, die eine Endlichkeit abseits aller Umwege und Transformationen erzeugt – ein Schlusspunkt ohne Nachsatz, die Erfindung des Abfalls. Konsum entwertet Material paradoxerweise gerade dort, wo er es zunächst schätzt – durch die anfängliche Preisung seiner Beschaffenheit, die Hochhebung des zeitlichen Gefrierpunkts. Es ist ein Prozess, der auf ein imaginatives Wegwerfen abzielt, auf das Abfallen von einer heiliggesprochenen Gegenwart. Es ist der Glaube, dass jede Veränderung ein Abrutschen der Zukunft bedeutet.

Doch können wir uns eine Welt *ohne Abfall* vorstellen?

Und so sehr dies nach einer materiellen Fragestellung klingt, ist es zunächst eine gesellschaftlich-kulturelle. Denn der Schlüssel liegt im *Vorstellen* selbst. Die Vorstellung eröffnet die Möglichkeit zur verschwenderischen Überwindung in ihrem bloßen Anfang. An die Stelle unnützer Abfälle treten unabsehbare Temporalitäten; an die Stelle finaler Endpunkte ein Prozess des beständigen Umbauens.

In ihrer unwiderstehlichen Zeitlichkeit wird Nachhaltigkeit so zur spekulativen und weltgestaltenden Auflösung von Verschwendung. In ihrer konkreten Verräumlichung zu Orten der Überlagerung und der

4 „Allerdings [...] begründet die sogenannte Entschleunigung keine Dauer. Was die Einstellung zum Konsum angeht, unterscheidet sich ‚Slow Food' nicht wesentlich von ‚Fast Food'. Dinge werden konsumiert – nicht mehr und nicht weniger. Eine Verringerung der Geschwindigkeit verändert per se noch nicht das Wesen der Dinge." Nach: Han, Byung-Chul. *The Scent of Time. A Philosophical Essay on the Art of Lingering*, übers. von Daniel Steuer. Cambridge-Medford 2017, 93.

Uneindeutigkeit – zum wandelnden Boden, auf dem wir stehen, zu Orten des Aufeinandertreffens, der Kollisionen, der Fragen und der offenen Zukünfte. Es sind Orte temporärer Entscheidungen, wo Umgänge erprobt und unmittelbar gelebt werden, wo Überlegungen nicht in der Theorie hängen bleiben, sondern ganz praktisch, dringend und dinglich werden, wo sie zu lesbaren Vorstellungen und greifbaren Bildern werden: Orte wie der Umbauhof.

Es ist ein Ort, wo die losen Enden neu zusammengedreht und verzwirbelt werden. Die Wunde, wie Rick Dolphijn das nennt[5], liegt weit offen und aus der anfänglichen Verlorenheit entsteht ein Ansatz, eine sich immer weiter fortschreibende Geschichte. Es ist ein Ort, der der Zeit ihren Raum gibt und in dem sich Pluralitäten begegnen und miteinander resonieren.

DIE ZEITLICHKEIT EINER NACHHALTIGEN ARCHITEKTUR

Die *Zeitlichkeit einer nachhaltigen Architektur* ist eine jener sperrigen Begriffskontraktionen, mit denen wir nur zu gern unglücklich sind – ein Pleonasmus, der immer wieder nur aus demselben Material besteht, sobald auch nur einer der zusammengezogenen Begriffe tatsächlich ernst gemeint ist.

Und dieses Material ist Zeit.

Als Architekturschaffende üben wir uns darin, Impulse und Ansichten zusammenzubringen, aus verschiedenen Richtungen zu denken und ebendiese miteinander in Beziehung zu setzen. Wir verbinden, fügen, schaffen Kompositionen. Wir bewegen dabei große Mengen an Material und reorganisieren es grundlegend. Und wir fragen uns:

> „Is construction anything other than a process of physically moving a substance from one place to another, the transformation of materials into space?“[6]

Wir stehen also inmitten einer kontinuierlichen Reorganisation, die mit Zirkularität gemeint sein könnte. Wir schaffen Konstellationen und materialisieren Haltungen. Wir sind eingebettet in die Bewegung von Materie, in ihre unabdingbare Zeitlichkeit.

Wenn wir unseren Körper in den Poren des Bodens spüren, interessieren uns keine absoluten Antworten, sondern deren kontinuierliches Werden. Wir können nicht wahnhaft sein, wenn wir materieller Natur sind. Wir bleiben imaginativ. Wir (er)leben ein Wissen, das eine direkte materielle Beteiligung ist.[7] Im Austausch vollziehen wir architektonische

5 Dolphijn, Rick/ Van der Tuin, Iris. New Materialism. Interviews & Cartographies. Ann Arbor 2012, 95.

6 „Ist Bauen denn etwas anderes als der Prozess, bei dem eine Substanz physisch von einem Ort zum anderen bewegt wird, die Umwandlung von Materialien in Raum?“ Nach: Carlisle, Stephanie/ Pevzner, Nicholas. „The Thin Thread of Carbon“. In *Non-Extractive Architecture. On Designing Without Depletion. Space Caviar.* Band 1. Cambridge 2021, 100.

7 „[...] knowing [that] is a direct material engagement“. Barad, Karen. In Dolphijn/Van der Tuin 2012, 52.

Praxis. Wir verweben Ideen und konstruieren Beziehungen, und wir sehen ganz klar:

„Buildings are not so much objects as knots woven out of material flows."[8]

Wenn Architektur also das Verflechten von Material ist, befinden wir uns in einem weit verzweigten, unüberschaubar bewegten Feld der Möglichkeiten. Wenn wir Architekt:innen sind, sind wir immer schon Architekt:innen der Zirkularität: Wir formen deren Flüsse und Windungen, beobachten und ergreifen sie.

Nehmen wir auf ihre eigenen Wege Rücksicht und tragen für ihr fortdauerndes Fließen Sorge, suchen wir nach Antworten und nach Gesprächen, anstatt in Diktaten zu sprechen, so begreifen wir Nachhaltigkeit.

Sie entsteht durch die zeitlich-räumlichen Lücken, die wir einander eröffnen: Spielräume, Sprechpausen und Rückzugsorte. Vor aller Ausdehnung stehen die Fiktion, die Imagination, das Bild und der Wunsch. Nachhaltigkeit meint damit sowohl das Eröffnen als auch das gegenseitige Durchdringen dieser Lücken, dieser Wunde. „[I]t is the cause, of all of its events."[9] Sie ist die schmerzhafte Distanz und deren zeitliche Überwindung. Sie ist das Bilden von Knoten, das taktvolle Knüpfen eines Gewebes.

Die Zeitlichkeit einer nachhaltigen Architektur ist somit zutiefst materiell. Sie ist das physische Verweben von fabulierendem Raum und noch verborgener Erzählung. Architektur ist ein Tun, ein grundlegendes Werden: das Verbiegen des Gewebes, das die Zeit in sich bettet und gleichsam ausstrahlt. In ihrem materiellen Blickwinkel ist sie eine Praxis, die nicht gehetzt ist und kein Verständnis von vorwärts hat, weder eine eilige Architektur noch eine von unveränderlicher Dauer. Sie wächst nicht, sondern verweilt. Sie hält nicht an, sondern ist voller Schwung. Sie hat Zeit, denn sie verkörpert sie. Letztendlich ist sie aus ihr konstruiert.

Eine nachhaltige Materialpraxis spricht nicht so sehr von Geschwindigkeit, sondern vielmehr von Gesprächen und Rhythmus. Sie ist die Ausdehnung der Zeit innerhalb der Zeit. Sie ist das Zurück- und Aufeinanderschleudern. Sie ist das in sich zusammenfallende Gewebe, eine in Resonanz stehende Schwingung.

Eine nachhaltige Materialpraxis beruht auf Austausch und Korrespondenz, Verantwortung und Fürsorge. Alarmiert von generalistischen Ansprüchen, verortet und erdet sie diese. Sie hat den Boden unter den Füßen und ermöglicht vernetzte Inszenierungen und polyphone Rhythmen. Da wir gesehen haben, dass Subjektivität aus der Bewegung

8 „Gebäude sind weniger Objekte als vielmehr Knoten, die aus Materialflüssen gewoben sind." Nach: Wigley, Mark. „Returning the Gift". In *Space Caviar* 2021, 46 f.

9 „Sie ist die Ursache all ihrer Ereignisse". Nach: Dolphijn, Rick. *The Philosophy of Matter. A Meditation.* London 2021, 95.

zunächst beinahe egalitärer, flacher Verbundenheit resultiert,[10] können wir sie nun im architektonischen Raum sprechen hören. Es ist eine reflektierende Idee und sie hat Zeit, sich auszubreiten.

Nachhaltige Architektur bedeutet dieses Zögern, das von Dauer lebt. Sie ist nicht das, was bleibt, sondern das, was verweilt. Sie ist weder eine Flucht noch ein Stillstand in ständig rotierenden Kreisen. Sie ist in sich verschlungen, hält inne und webt in aufmerksamer Bewegung und Rücksicht.

„We must move past this idea of creating an architecture that's a finished, final, inert product and embrace an architecture in sync with ecosystem processes."[11]

Dies verschiebt den Blick: Nachhaltige Architektur hebt die Absolutheit auf und lässt Endgültigkeit verpuffen. Sie ist weder international noch national, bewegt sich fließend zwischen diesen Skalen der Erfindung. Sie schafft ihren Raum und widersetzt sich Grenzziehung, Gleichmacherei, Vereinheitlichung, widersetzt sich der glatten Oberfläche. Diese Architektur ist nicht formalistisch, sondern formulierend.

Im Sinne dieses Verständnisses imaginieren wir eine Architektur, die porös bleibt und spekuliert, die Zeitlichkeit in sich trägt und ihren anfänglichen Pleonasmus überwindet – eine Architektur, offen für Veränderung und großzügig gegenüber fortwährenden Reformulierungen, ein sprechendes Verb. Sie bleibt im Gespräch, baut weiter, baut um. Sie hat die Fähigkeit zu antworten und zu reagieren; sie trägt Verantwortung, teilt *response-ability*.[12]

Eine nachhaltige Materialpraxis eröffnet eine Architektur, die ihr zeitliches Handeln anerkennt und sich dem Gespräch stellt, eine Architektur, die nicht der Zeit entflieht, sondern in Kontakt und *unruhig bleibt*,[13] eine Architektur, die verwelkt.

Es entsteht eine Architektur entlang von Rhythmen, eine Praxis des Hinhörens, Zuhörens, Wertschätzens, eine Architektur der Nähe und der schmutzigen Hände. Es ist nie bloßes Bauen, immer schon und von jeher ein Um- und ein Weiterbauen. Es gibt kein weißes Blatt.

„The premise [...] is to start with what is there. Ecologically, as well as ethically, this seems imperative today. There's superficial change that benefits the few, and then there's real change. The latter cannot be envisioned without commitment to context and the embrace of difference – it's not so much the *what*, as it is *the how*."[14]

10 Genauer dazu im Kapitel „Connectedness of Subjectivity". In Kitzberger 2023, 208–219.

11 „Wir müssen uns von der Vorstellung lösen, Architektur als fertiges, endgültiges, unbewegliches Produkt zu betrachten, und stattdessen eine Architektur anstreben, die im Einklang mit den Prozessen des Ökosystems steht." Nach: Harper, Phineas/Smith, Maria. „More Than Enough". In *Space Caviar* 2021, 238.

12 Barad, Karen. *Meeting the Universe Halfway. Quantum Physics and the Entanglement of Matter and Meaning.* Durham 2007.

13 Haraway, Donna J. *Staying with the Trouble. Making Kin in the Chthulucene.* Durham 2016.

14 „Die Prämisse [...] ist, mit dem zu beginnen, was vorhanden ist. Sowohl ökologisch als auch ethisch scheint dies heute unerlässlich. Es gibt oberflächliche Veränderungen, von denen nur wenige profitieren, und dann gibt es echte Veränderungen. Letztere sind ohne ein Bekenntnis zum Kontext und die Anerkennung von Unterschiedlichkeit nicht vorstellbar – es geht weniger um das Was als vielmehr um das Wie." Nach: Stănescu, Oana. *cover me softly.* Köln 2024, 23.

Daraus folgt eine Architektur, die nicht nur enthält, sondern auch erkennt, dass sie selbst enthalten ist. Sie ist dann eine Architektur „of adapting to the planet, in all of its characteristics, not only to domesticate it, but also and above all, to be domesticated by it".[15]

Es ist eine Architektur, die sich auf ihre Umgebung bezieht und sich in ihr proportioniert, die Entstehung von Lücken miteinbezieht und sie als Ursprung jeder Bewegung und jeder Möglichkeit erkennt – eine Architektur, die nicht hermetisch und exklusiv ist, sondern porös bleibt; die sich weder vor Viel- noch vor Unstimmigkeit scheut, sondern ein pluralistisches Wir umfasst – eine Architektur, die ihre Zeitlichkeit ernst und sich selbst die Zeit nimmt.

15 „[...], die sich an den Planeten in all seinen Eigenschaften anpasst, nicht nur, um ihn zu domestizieren, sondern auch und vor allem, um von ihm domestiziert zu werden". Nach: Coccia, Emanuele. „The Architecture of Species". In *Space Caviar* 2021, 268.

Philipp Kitzberger,
Architekturschaffender und Herausgeber des kollektiven Journals *A MATTER OF*

ASPHALT IM GESPRÄCH

Als Reflexionsgespräch ist dieses Interview über unsere Erfahrungen mit den Pop-up-Umbauhöfen entstanden. Marcella-Malin Brunner, Natascha Peinsipp, Maura Schmitt und Felix Steinhoff wirkten an den Umbauhöfen mit. In einem Rückblick wurden sie von Ben Grabherr und Simon Ruof zu ihren Eindrücken und persönlichen Erfahrungen befragt. Zu lesen sind ausgewählte Ausschnitte.

[Simon] Ihr seid mit einem starken theoretischen Fundament in den Umbauhof gestartet. Dann kam der Moment, in dem ihr das alles am Bauhof aufgeschlagen und Teile dieser Recherche mitgenommen habt, etwa die Infotafeln mit Abbildungen zum zirkulären Bauen und zum Müllaufkommen in der Bauindustrie. War das für euch in erster Linie Aufklärungsarbeit, die ihr dort verknüpfen wolltet, oder eher eine Erinnerung an den Ausgangspunkt eurer Arbeit?

[Felix] Es war beides, einerseits unser Hintergrund, andererseits wollten wir einen Raum für Austausch schaffen. Es gelingt leichter, ins Gespräch zu kommen, wenn Dinge sichtbar sind. Deshalb haben wir Bilder und Objekte eingebracht, die dort sonst nicht auftauchen. So entstand eine Ebene, die den Ort erweitert. Der Umbauhof ist für uns auch ein Ort der Vermittlung. Dabei geht es nicht nur um praktische Fragen der Mülltrennung, die die Mitarbeitenden sehr viel besser beantworten können. Spannender war für uns die darüberliegende Ebene: Wo endet Wertstoff, wo beginnt Müll? Das ist weniger eine Frage von Fakten als vielmehr eine des Wahrnehmens, Erkennens und Entwerfens – letztlich eine Projektion in die Zukunft: Was könnte aus diesem Material noch werden?

[Maura] Die Frage nach der Zukunft eines Materials ist zugleich auch eine emotionale Frage. Es geht um die Beziehung zu den Dingen: Ist es noch Wertstoff oder schon Müll? Manche Objekte tragen Erinnerungen in sich, andere haben ihre Bedeutung augenscheinlich für uns verloren. In diesem Zwischenraum entstehen Gespräche, die von verschiedenen Narrativen und möglichen Szenarien selbst geleitet werden. So werden neue Blicke auf Potenziale eröffnet.

[Simon] Ihr habt das Thema Wertstoff und Müll bereits angeschnitten. Hat sich eure Sicht auf den Wert von Baustoffen auf dem Umbauhof verändert? Lassen sich Kriterien für den Wert eines Materials festlegen – etwa pragmatisch über seine Wiederverwendbarkeit, aber auch emotional, wie schon angesprochen wurde, über die Geschichte, die es trägt? Wir können dabei gern auch auf konkrete Beispiele schauen, wie etwa Fliesen oder Bauteile, deren Verwendung man sich direkt vorstellen kann.

[Maura] Wenn wir von Wertstoff sprechen, haben wir zuvor viel darüber diskutiert, was für uns Müll ist und was Wertstoff. Aus einer rationalen Perspektive ist ein Wertstoff ein Material, das „noch am Leben" oder weiterverwendbar ist. Das bedeutet, es ist höchster Wahrscheinlichkeit nach noch funktionstüchtig, noch in Benutzung oder, falls nicht, sortenrein zusammengesetzt und somit in seine Einzelteile zerlegbar, sodass es wieder in den Kreislauf der Zirkularität zurückgeführt werden kann. Müll ist da-gegen ein Gegenstand, der seinen Wert offensichtlich verloren hat – sei es, weil er beschädigt ist oder aus so vielen unterschiedlichen Materialien besteht, dass eine Trennung und Wiederverwertung nicht mehr möglich ist. Wertstoff steht also für Rückführung und Weiterverwendung, Müll für lineare, ausweglose Entsorgung.

[Natascha] In den Gesprächen wurde deutlich, dass es stark um Wertschätzung ging, aber auch um Ästhetik. Viele intakte architektonische Elemente, etwa Türen, wurden aussortiert, weil sie nicht mehr gefallen – ein klassisches Generationenthema. Eltern oder Großeltern bevorzugen dunkle Farben, die jüngere Generation will helle. Das hängt oft mit Zeitgeist und aktuellen Trends zusammen, wie sie gerade publiziert werden. Letztlich spiegelt sich darin auch unser Konsumverhalten: Dinge werden schnell ausgetauscht, obwohl sie noch intakt sind, allein aufgrund ästhetischer Vorlieben.

[Marcella] Ich glaube, dass dieser Perspektivwechsel, etwas als wertvoll zu erkennen, was zuvor als Sperrmüll galt, auch für die Baubranche relevant ist. Manche Objekte fallen sonst in die Kategorie Sperrmüll, obwohl sie eigentlich interessant sind, sie passen nur nicht ins Feld. Durch unser Präsentieren und Wiederberühren haben wir ihren Wert neu sichtbar gemacht. Dabei veränderte sich der Wert nicht unbedingt für uns selbst, sondern für andere, die die Objekte plötzlich wieder wahrnahmen und schätzten. Dieses Wiederaufwerten machte sie erneut interessant und sichtbar.

[Simon] Durch eure Arbeit haben die Objekte einen neuen Kontext bekommen und diese Aufmerksamkeit hat ihnen einen Wert verliehen, der vorher so nicht da war.

[Felix] Es waren weniger die Personen, die etwas weggebracht haben, die ihr eigenes Objekt plötzlich wertvoll fanden. Vielmehr veränderte das Setting die Wahrnehmung: Normalerweise landet alles im Container, auch wenn dort interessante Objekte liegen, die niemand richtig sieht. Durch die Präsentation – einzeln oder in Auflagen – wurden die Dinge wieder sichtbar. Dadurch dachten die Leute: „Das sieht ja eigentlich richtig gut aus." Es wirkte anders als im Müllcontainer und eröffnete einen neuen Blick auf die Materialien.

[Simon] Hat sich während der Arbeit auf dem Umbauhof ein Interesse hinsichtlich besonderer Objekte eingestellt?

[Maura] Auf jeden Fall. Ein Mann fuhr sogar noch einmal nach Hause, holte ein Möbelstück, das er lange im Keller aufbewahrt hatte, und stellte es auf unserer inszenierten Fläche in ein neues Licht. Er wollte anderen die Möglichkeit geben, den Wert seines Möbels zu erkennen. Viele haben zu Hause nicht die Kapazität, Dinge zu lagern, und sehen ohne richtige Plattform kaum eine Möglichkeit, Materialien weiterzugeben, ohne dass sie schließlich auf dem Bauhof landen. Digitale Plattformen wie Kleinanzeigen oder Willhaben ersetzen das nur bedingt. Der Wert ungenutzter Objekte wird erkannt, aber es fehlt eine Bühne für das Teilen und Weitergeben. Erst bei unserer Umbauhof-Performance wurde das haptische Erleben, das Anfassen, Berühren, Verstehen und Sehen, wirklich ermöglicht.

[Felix] In unserer Auswahl haben wir stark darauf geachtet, den Wert der Objekte sichtbar zu machen. Auf der objekthaften Ebene – wie Maura es gerade beschrieben hat – gibt es bereits gesellschaftliche Ansätze, etwa Repair-Cafés. Dort lässt sich der Wert relativ leicht erkennen: Ein Stuhl kann aufgearbeitet oder verkauft werden und man sieht den Nutzen sofort. Bei Baustoffen ist das deutlich schwieriger. Ziegel oder Steine erzeugen keinen Wow-Effekt wie ein silberglänzendes Radio. Zugleich mussten wir ständig überlegen: Was könnte aus diesem Material noch werden? Ein Fensterladen kann natürlich wieder als solcher genutzt werden, aber er könnte auch Teil einer Fassade oder eines anderen architektonischen Elements werden. Ähnlich ist es bei Türen oder anderen Objekten. Die Frage war immer: Wie lässt sich ein Material verfremden, übersetzen und neu nutzen? Das macht den Umgang mit Baustoffen komplexer und zeigt, dass wir hier noch zwei Schritte weiter denken müssen.

[Natascha] Genau, das ist auch die spannende Aufgabe von Architekt:innen und Planer:innen: zu zeigen, was man aus Materialien machen kann, wenn man sie verfremdet oder neu einsetzt. Das eröffnet völlig neue Planungsmöglichkeiten und Perspektiven auf die Objekte.

[Marcella] Ich möchte noch ergänzen, dass wir beim zweiten Umbauhof nicht nur Altbauteile oder gebrauchte Materialien hatten, sondern auch neuwertige Überreste. Diese Einzelteile waren oft übrig geblieben, obwohl sie noch standardisiert und wiederverwendbar gewesen wären. Solche Materialien haben ebenfalls einen Wert und könnten problemlos wieder eingebaut werden, selbst wenn sie nur in geringer Stückzahl verfügbar sind: zum Beispiel ein Quadratmeter Fliesen, die beim Badumbau übrig geblieben sind.

[Maura] Im Rahmen der universitären Lehre am Forschungsbereich Hochbau und Entwerfen der TU Wien verfolgten Felix und ich vergleichbare Ansätze zur Materialinterpretation. Bei der Arbeit mit wiederverwendeten Materialien und Bauteilen steht man oft vor begrenzten Stückzahlen und festen Dimensionen, das stellt eine besondere Herausforderung dar. Wir überlegen, wie Funktionen neu übersetzt, Materialien in andere Kontexte gesetzt und daraus hybride Strukturen geschaffen werden können, die sich gegenseitig ergänzen oder verstärken. Dabei geht es nicht nur um einen ästhetischen Anspruch, sondern auch um konstruktive, statische und brandschutztechnische Fragen. Die Grundidee bleibt, unterschiedliche rezyklierbare Materialien neu zu interpretieren.

[Simon] In vielen aktuellen Diskussionen zur Wiederverwendung von Baumaterialien geht es stark um Katalogisierung und exakte Erfassung. Zugleich wird aber der Ruf nach pragmatischeren Ansätzen laut: weniger technokratisch, stärker auf Vermittlung ausgerichtet. Beim Umbauhof hatte ich das Gefühl, dass ihr genau dort ansetzt – bei der direkten Begegnung, beim Austausch, bei der Aufmerksamkeit für das einzelne Material. War für euch gerade dieses Temporäre, das Ereignishafte ein entscheidender Faktor?

[Felix] Ich sehe einen Unterschied zwischen dem, was wir beim Umbauhof gemacht haben, und dem klassischen zirkulären Bauen mit großen Datenbanken, Bauteilkatalogen oder Materialpässen. In diesen Systemen geht es oft um große Mengen – wenn man beispielsweise 100 000 Quadratmeter Wand hat, muss man genau wissen, was vorliegt. Unsere Fragestellung war anders: Wie funktioniert zirkuläres Bauen auf dem Land? Dort gibt es Aspekte, die schon immer gut funktionieren. Ständig wird gebaut, umgebaut, erweitert, und viele Menschen haben quasi ein eigenes kleines Bauteillager im Hof, Schuppen oder in der Scheune. Überbleibsel von Gebäuden werden oft aufgehoben und weiterverwendet. Gleichzeitig gibt es Veränderungen: Die Wohnsituation hat sich geändert, viele Menschen leben nun im Einfamilienhaus, der Platz für ein Lager fehlt, das technische Know-how ist nicht mehr überall vorhanden, und das Bewusstsein, Dinge aufzubewahren, ist teilweise verloren gegangen. Unsere Umbauhöfe konnten an dieser Stelle nur einen kleinen Beitrag leisten. Sie lenkten den Fokus auf den sozialen Raum und den Austausch, aber eine tiefgehende Wissensvermittlung war nicht möglich – dafür bräuchte es stärker institutionalisierte Strukturen. Ziel war es, mit den Materialien zu arbeiten und zu spüren, wie Menschen darauf reagieren, nicht ein umfassendes Bildungsangebot zu leisten.

[Simon] Welchen Ängsten oder Sorgen bezüglich der Wiederverwendung seid ihr bei den Besuchenden des Umbauhofs begegnet? Ging es nur um Ästhetik oder auch um Stabilität, Normenkonformität oder andere praktische Aspekte?

[Maura] Ein zentraler Punkt ist das noch unzureichende Vorstellungsvermögen: Was ist überhaupt möglich? Es gibt noch sehr wenige Referenzen zur Wiederverwendbarkeit von Baustoffen, nicht nur für Laien, sondern auch für uns Architekturschaffende. Oft lässt sich noch nicht erkennen, wie Materialien neu interpretiert werden können.

[Felix] Ich würde das ähnlich sehen. Der wichtigste Punkt war, dass das Material etwas anderes sein könnte – nicht mehr die alte, abgenutzte Tür, sondern ein Bauteil mit neuem Potenzial. Ein weiterer Aspekt, den ich unterschätzt habe, betrifft die Qualität der Objekte: Viele Materialien waren von hoher Qualität, etwa Vollholz. Wenn sie durch Ersatzmaterialien mit geringerer Qualität ersetzt wurden, entstand ein klar spürbares Downgrading. Es fehlte oft das Bewusstsein dafür, dass durch Aufarbeitung oder Neuinterpretation aus vorhandenen Materialien wieder hochwertige Objekte entstehen könnten.

[Natascha] Sehr wicthig war der finanzielle Aspekt, besonders im Zusammenhang mit dem Downgrading. Ein Beispiel: Ein Paar renovierte ein altes Haus, brachte Holzfenster weg und ersetzte sie durch Kunststofffenster – aus finanziellen Gründen, obwohl ihnen das eigentlich leid tat. Das zeigt, dass Arbeit und Aufwand für Reparatur oder Aufarbeitung von Materialien oft teurer sind als der Bezug von neuem Material, obwohl das alte Material bereits vorhanden ist. Globale Produktions- und Lieferketten machen neue Materialien oft günstiger als regionale Aufarbeitung. Gewährleistung spielt dabei eher eine untergeordnete Rolle, besonders im ländlichen

Bereich oder beim Einfamilienhausbau. Die Kosten und Mühen für die Aufarbeitung sind hier der entscheidende Faktor.

[Marcella] Das spielt auch auf eine neue Wertschätzung für das Handwerk und das Individuelle an. Im Gegensatz zur standardisierten Massenproduktion, die vieles günstig und effizient macht, liegt hier der Fokus auf der Einzigartigkeit der Materialien und der handwerklichen Arbeit, die notwendig ist, um sie aufzubereiten oder neu zu nutzen. Diese Wertschätzung für das Handwerk wird beim zirkulären Bauen besonders sichtbar.

[Felix] Man merkt auch, dass es keine klare Preiswahrheit gibt. Folgekosten – etwa für CO_2-Emissionen – werden aktuell noch nicht berücksichtigt und ausgelagert. Dadurch entsteht eine Verzerrung zwischen dem Aufwand für Arbeit und Material, die die Wirtschaftlichkeit von Wiederverwendung verzerrt.

[Maura] Eine weitere Herausforderung ist die zeitliche Diskrepanz zwischen den einzelnen Umbauprozessen: Ausbau der Bauteile, Entwurf und Wiedereinbau laufen nicht parallel. Oft entsteht dadurch ein Zeitfenster, in dem Materialien zwischengelagert werden müssen, bevor sie wieder eingesetzt werden können. Diese Asynchronität verlangsamt die gezielte Wiederverwendung von Bauteilen und Materialien und erschwert die Koordination zwischen Nachfrage und Angebot, da Planende und Ausführende ständig abwägen müssen, welche Materialien wann verfügbar sind und wie sie in den Entwurf integriert werden können. Dieses Problem betrifft nicht nur die Besuchenden des Umbauhofs, die Materialien bringen oder abholen, sondern auch uns als Architekturschaffende. Daraus ergibt sich die Notwendigkeit, neue Arbeitsabläufe und Organisationsstrukturen zu entwickeln, die Rückbau, Lagerung, Entwurf und Wiedereinbau effizient miteinander verknüpfen. Ziel ist es, dass diese Schritte besser aufeinander abgestimmt werden und Hand in Hand funktionieren, um den gesamten Kreislauf zirkulären Bauens praktikabel, effizient und zugänglich zu machen.

[Ben] Gab es bei den Menschen, mit denen ihr gesprochen habt, ein Bewusstsein dafür, dass es nicht nur um ihre eigenen Bauteile oder Gegenstände geht, die sie wiederverwenden können, sondern auch um die Möglichkeit, Materialien anderer wiederzuverwenden?

[Felix] Ich denke, das ist aktuell noch zu komplex. Nehmen wir das Beispiel Fenstertausch: Man braucht ein Fenster, das genau in die vorhandene Öffnung passt, sonst muss die Öffnung angepasst werden. Diese Herausforderung zeigt, dass die Idee interessant ist, aber an vielen Stellen noch nicht funktioniert. Wir haben den Umbauhof immer auch ein wenig wie einen Baumarkt vorgestellt: Man stöbert durch die Materialien, entdeckt vielleicht etwas Unerwartetes und wird inspiriert – ähnlich wie im klassischen Baumarkt. Gleichzeitig könnte eine Mischform interessant sein: Analoge Angebote vor Ort kombiniert mit einem Netzwerk von Umbauhöfen, in dem Bauteile über Katalogisierung auch einem größeren Kreis zugänglich gemacht werden. Je mehr Menschen Zugriff haben, desto höher die Vermittlungswahrscheinlichkeit. Gerade im ländlichen Raum ist der Bildungs- und Sozialaspekt vielleicht sogar wichtiger als die reine digitale Katalogisierung. Auf lokaler Ebene fehlen oft Erfahrung, Verständnis und Infrastruktur. Es zeigt, dass trotz Nähe zum Thema noch viele innere Barrieren existieren, die logistische Herausforderungen nicht lösen, aber die soziale Vermittlung besonders relevant machen.

[Maura] Ich finde es wichtig, den Umbauhof auch als Netzwerk zu verstehen. So könnte man die zeitliche Diskrepanz beim Bauen überwinden: Der Umbauhof wäre nicht nur ein analoges Depot, sondern sollte immer auch mit einer digitalen Plattform arbeiten. Materialien könnten bereits online erfasst und für zukünftige Entwürfe reserviert werden, noch bevor ein Gebäude zurückgebaut wird. Der Entwurf würde sich somit aus der im noch Bestehenden vorhandenen Materialverfügbarkeit ergeben. Die Bauteile könnten dann ohne Zwischenlagerung direkt zur neuen Baustelle gelangen und dort sofort eingesetzt werden. Der Umbauhof dient also nicht nur als Lager, sondern als Prozesssteuerung für Materialentwicklung und Wiederverwendung. In der Schweiz gibt es solche Verfahren bereits, ein regelrechtes „Ringen" um hochwertige Bauteile zwischen verschiedenen Projekten.

[Natascha] Zum Thema Katalogisierung: Vor Ort waren wir noch sehr analog unterwegs – handschriftliche Erfassung, Tags, Abmessungen. Grundsätzlich muss man das aber in einem anderen Maßstab denken. Je stärker digital gearbeitet wird, desto effizienter wird die Erfassung. Viele Handys können inzwischen 3D-Scans erstellen. Diese Daten lassen sich in Datenbanken einpflegen und für die Planung zur Verfügung stellen. Digitalisierung spielt also eine zentrale Rolle, um Materialien systematisch zu erfassen und verfügbar zu machen.

[Ben] Wie hat die Vermittlung von Wertigkeit geklappt?

[Natascha] Es hat teilweise gut funktioniert. Die Darstellung auf der weißen Plane, das Auflegen und Schlichten der Materialien sowie die kleinen Etiketten haben dem Ganzen Wertigkeit verliehen. Auch wenn es keine Preisschilder waren, hat die Präsentation bei den Besuchenden Wirkung gezeigt.

[Marcella] Jede Person, die kam, wurde automatisch damit konfrontiert – das ist der Reiz des Analogen. Es wird greifbar, die Leute denken vielleicht zum ersten Mal darüber nach, anders mit Material umzugehen.

[Maura] Allein, dass wir das als kleine Performance inszeniert haben, hat viel bewirkt. Wir haben einen Parallelort geschaffen und die Besuchenden konnten, bewusst oder unbewusst, Teil dieses Experiments werden. Es war schön zu sehen, wie alle Lust hatten mitzuwirken, sich einzubringen und in den Austausch zu gehen. Das machte das Ganze zu einem unerwarteten, intuitiven Experiment von beiden Seiten.

[Marcella] Ich fand auch schön, wie gut das parallel zum normalen Betrieb des Bauhofs funktionierte. Die Mitarbeitenden haben gleichzeitig ihren Job gemacht, wir haben sie unterstützt und sie uns. Es gab kein Stören, sondern ein echtes Miteinander.

[Felix] Es hat viel Wertschätzung erzeugt – sowohl für uns als Team als auch für die Menschen vor Ort. Besonders dieser Moment, in dem wir Etiketten angebracht und Materialien bewusst aus dem Container genommen haben, war eine Form von Wertschätzung gegenüber den Objekten. Wenn jemand einem Objekt Aufmerksamkeit schenkt, steigt dessen wahrgenommener Wert. Andere sehen dann vielleicht: „Ah, daraus könnte man noch etwas machen." Dieser Akt des Ernstnehmens ist ein zentraler Aspekt, wenn es um die Frage Müll oder Wertstoff geht.

[Natascha] Ich glaube, Wertschätzung entsteht vor allem durch Aufmerksamkeit. Je mehr Menschen einem Objekt Aufmerksamkeit schenken, desto höher erscheint sein Wert – wenn man ihn rein monetär betrachtet. Spannender ist jedoch der emotionale Wert, der sich nicht in Geld ausdrücken lässt. Genau dieser Aspekt macht zirkuläres Bauen so interessant: Manche Menschen sehen in Dingen einen Wert, den andere gar nicht erkennen. Das funktioniert teilweise schon, zum Beispiel im ländlichen Raum, wo Materialien über Mundpropaganda weitergegeben werden oder aufbewahrt bleiben – etwa Bauelemente, die von Großeltern nicht weggegeben werden. Dieser emotionale Bezug spielt eine zentrale Rolle für die Wiederverwendung.

[Felix] Dieses Prinzip spielt in der Architektur eine wichtige Rolle. Häuser oder Bauteile könnten Geschichten tragen: Eine Wand könnte erzählen, dass sie zuvor an einem anderen Ort stand oder aus bestimmten Materialien gefertigt wurde. Solche Geschichten schaffen eine Bindung, die eine neue Trockenbauwand nie vermitteln kann. Wenn man es schafft, diese Geschichten zu transportieren, könnte das die Wertschätzung von Materialien enorm erhöhen. Selbst „veraltete" Elemente könnten durch ihren Kontext und die erzählten Geschichten eine neue Langlebigkeit und Bedeutung erhalten.

[Ben] Geht das wirklich? Ich könnte mir vorstellen, dass es gut funktioniert, wenn persönliche Dinge Teil der Geschichte sind. Aber wie ist es mit eher distanzierten Materialien – kann man deren Wertschätzung ebenfalls vermitteln?

[Felix] Ja, das geht. Auch wenn die Geschichten weniger persönlich sind, können sie Bedeutung erzeugen. Zum Beispiel, wenn man Türen vom Nachbarn oder Bauteile der Dorfkirche wiederverwendet, entsteht sofort eine Erzählung, über die man sprechen kann. Je größer der Kontext, desto stärker die Wirkung.

[Ben] Kann die Vermittlung dieser Wertschätzung in einem Umbauhof, wie ihr ihn als hybrides Netzwerk skizziert habt, funktionieren?

[Felix] Ich denke, ja! Aber dann sollten an der Erstellung des Bauteilkatalogs nicht nur Techniker sitzen, die Werte wie Dämmwert, Wärmedurchgangskoeffizient, Gewicht oder Schadstoffgehalt angeben, sondern auch jemand, der die Geschichte des Bauteils kennt: Wo kommt es her, wo geht es hin, was hat es schon erlebt? So könnten schon bei der Katalogisierung narrative Informationen mitgedacht werden. Das würde nicht nur den emotionalen Wert eines Materials vermitteln, sondern auch die Möglichkeit schaffen, die Geschichte bei der Wiederverwendung weiterzuerzählen – ähnlich wie Natascha es meinte: Wenn man den Gebäudebestand kennt, lassen sich Materialien mit Geschichten verbinden, die sie für Nutzer:innen interessant und wertvoll machen.

[Natascha] Wenn man jetzt neue Bauteile verbaut, dann existiert deren Geschichte ja erst in Ansätzen, wie es bei den Materialpässen oft der Fall ist. Zukünftig sollen diese Materialien wiederverwendet werden können – und dann stellt sich die Frage, wie man die Geschichte der nächsten Jahrzehnte dokumentiert. Es hat viel mit Gebäudedokumentation zu tun: Man muss verstehen, wie die Bauteile funktionieren, ob sie funktionieren und was in dieser Zeit alles mit ihnen passiert ist – quasi *Phase 10, bevor wieder Phase 0* beginnt.

[Maura] Genau, und das haben wir schon in unseren Interviewfragen vor Ort bei den Pop-up-Umbauhöfen berücksichtigt. Wir haben versucht, die Vergangenheit und daraus das Narrativ des Bauteils, den emotionalen Wert und den ursprünglichen Einbaukontext zu erfragen, um das Material ganzheitlich zu betrachten und um den unsichtbaren Wert dahinter besser zu verstehen.

[Simon] Hattet ihr den Eindruck, dass sich manche Leute unwohl gefühlt haben, als ihr aus ihren abgegebenen Materialien etwas Neues gemacht habt?

[Marcella] Ich weiß nicht, ob es allen wirklich angenehm war, aber fast alle waren offen dafür, dass wir in den Kofferraum oder Anhänger schauen und Sachen entnehmen durften.

[Maura] Eigentlich ist es total interessant, weil die Leute, obwohl sie Gegenstände zum Bauhof bringen, insgeheim doch hoffen, dass diese Materialien, Objekte und Bauteile nicht einfach entsorgt werden, sondern weiterverwendet werden, am Leben bleiben. Müll zu produzieren, fühlt sich für alle irgendwie unangenehm an, und man merkt, dass es ein seltsames emotionales Spannungsfeld gibt: Einerseits hat man die Kontrolle abgegeben, indem man es als deklarierten Müll zum Bauhof oder Wertstoffhof bringt, emotional hat man sich schon ein Stück weit distanziert, aber andererseits hofft man, dass die Dinge noch eine Zukunft haben. Genau das war bei unserem Pop-up-Umbauhof so auffällig: Niemand hatte ein Problem damit, dass wir die Objekte in die Hand genommen, neu präsentiert oder gerettet haben. Es war, als würde die Bindung von den einstigen Besitzer:innen zum Material nicht verloren gehen.

[Marcella] Genau diese Irritation zeigt, dass an diesem Punkt ein sozialer Gedanke beginnt. Man denkt nicht mehr nur: „Ich will es loswerden und habe mich emotional schon davon getrennt." Stattdessen kann man in dem Moment auch überlegen: „Ich brauche es zwar nicht mehr, aber vielleicht kann es jemand anders noch gebrauchen." So entsteht ein anderes Denken, bei dem man nicht nur an sich, sondern auch an andere denkt. Und genau dieser Perspektivwechsel ist spannend.

[Maura] Während die Denkweise vieler Besuchenden oft an einem Punkt aufhört, fängt unsere erst an: Wir übernehmen das Bauteil, denken weiter, entwickeln neue Ideen und Visionen damit. Es war fast so, als hätte man uns symbolisch die Verantwortung übergeben, das Bauteil mit neuem Leben weiterzudenken. In diesem Moment verschmolz für uns die Vergangenheit des Materials mit seiner möglichen Zukunft.

Umbau und Wiederverwendung zum Klimaschutz

Hermann Czech

Umbau und Wiederverwendung aus Klimaschutzgründen ist keine Notlösung. Es war immer schon eine kulturelle Verarmung, etwas Bestehendes unnötigerweise zu vernichten. Dass der Umbau nicht etwas Minderes ist, sondern ein vollgültiges Werk zum Ergebnis haben kann, hat Adolf Loos in die Moderne eingeführt, aber wir finden es schon bei Palladio und in früherer Geschichte; und der Einsatz von Spolien wurde überhaupt von jeher als Bereicherung verstanden.

Nun ist zur kulturellen die physische Gefährdung getreten und liefert einen weiteren Grund zum Fortbestand von Verwendbarem. Etwas, das bestehen bleibt, bietet in jedem Fall eine zusätzliche Ebene der Rezeption und der Information. Selbst wenn es zur Entstehungszeit inferior war, kann es zumindest charakteristisch sein.

Wenn Materialien weiterleben: Regulative für zirkuläres Planen und Bauen

Stefanie Roithmayr und Georg Hofmann

Zirkuläres Planen und Bauen basiert auf drei zentralen Strategien: weniger verbrauchen, länger nutzen und wiederverwenden. Werden bereits in der Planungsphase nachhaltige Materialien, flexible Strukturen sowie Möglichkeiten zur Trennung, Reparatur und zum Austausch berücksichtigt, können Ressourcen gezielt geschont werden. Viele Grundsätze dieser Prinzipien sind längst bekannt – und bereits heute technisch umsetzbar. Dennoch steht das Bauwesen vor einem grundlegenden Wandel. Zirkularität bedeutet mehr als die Einführung neuer Methoden oder Materialien; sie verlangt ein konsequent lebenszyklusorientiertes Denken, das auch wirtschaftliche Aspekte anders bewertet. Unsere geltenden Rahmenbedingungen hingegen sind aus einer linearen Logik heraus entstanden. Sie erlauben zwar schon heute zahlreiche zirkuläre Maßnahmen, setzen jedoch noch nicht konsequent Anreize für einen sparsamen und wertschöpfenden Umgang mit Ressourcen. Damit die Transformation hin zu echter Kreislaufwirtschaft gelingt, müssen diese Vorgaben weiterentwickelt werden – klar strukturiert, einfach prüfbar und praxistauglich. Ziel ist es, vorhandene Ressourcen optimal zu nutzen und deren Wert über den gesamten Lebenszyklus eines Bauwerks zu erhalten. Der Weg dorthin ist kein rein technischer, sondern ein systemischer: Er fordert ein neues Verständnis von Planung, Ausführung und Bewirtschaftung – und einen regulatorischen Rahmen, der diese Denkweise unterstützt und verstärkt.

Wichtige Impulse für die Transformation im Bauwesen kommen von der Europäischen Union, die zentrale Regelwerke verabschiedet hat. Dazu zählen etwa die EU-Bauprodukteverordnung sowie die EU-Gebäuderichtlinie. Beide stellen wesentliche regulative Bausteine für Nachhaltigkeit und Ressourcenschonung im Gebäudesektor dar. Die EU-Bauprodukteverordnung (2024/3110) zielt – wie der Name sagt – auf die Ebene der Bauprodukte ab. Sie verlangt verpflichtende Deklarationen zur Umweltwirkung eines jeden Produkts und formuliert acht grundlegende Anforderungen für das zukünftige Bauen. Eine dieser Anforderungen – die „Nachhaltige Nutzung der natürlichen Ressourcen“ – fordert, Bauwerke so zu entwerfen, zu errichten, zu nutzen, zu warten und rückzubauen, dass Ressourcen möglichst nachhaltig eingesetzt werden. Das ist deshalb von zentraler Bedeutung, weil jeder Ressourcenverbrauch unweigerlich mit Emissionen einhergeht – Emissionen, die zunehmend in den Fokus rücken und durch die EU-Gebäuderichtlinie (2024/1275) ausdrücklich adressiert werden. Diese verfolgt das Ziel, sowohl den Energieverbrauch als auch den Beitrag zum Klimawandel (Treibhauspotenzial) des Gebäudebestands zu reduzieren. Gebäude sollen künftig nicht nur möglichst wenig Energie verbrauchen, auch die eingesetzten Baustoffe sollen einen deutlich geringeren Beitrag zum Klimawandel leisten. Ein zentrales Element der Richtlinie ist das Ziel der Europäischen Union der Klimaneutralität bis 2050.

Als Richtlinie entfaltet sie ihre Wirkung schrittweise, weil die Mitgliedstaaten die Vorgaben erst in nationales Recht überführen müssen. In Österreich erfolgt die Umsetzung baurechtlich relevanter EU-Vorgaben über die OIB-Richtlinien, da das Baurecht in die Zuständigkeit der Bundesländer fällt. Hierbei wird die OIB-Richtlinie 7 „Nachhaltige Nutzung der natürlichen Ressourcen“ künftig die verpflichtende Ausweisung des Treibhausgaspotenzials (GWP) neuer Bauvorhaben vorsehen. Entsprechend der EU-Gebäuderichtlinie ist das Treibhausgaspotenzial ab 2028 für alle neuen konditionierten Gebäude ab 1000 Quadratmeter Nutzfläche auszuweisen und ab 2030 für alle neuen konditionierten Gebäude, unabhängig von ihrer Größe. Weiters werden, beginnend mit dem Jahr 2030, noch festzulegende GWP-Grenzwerte in Verbindung mit einem schrittweisen Abwärtstrend eingeführt. Ziel ist die Erreichung von Netto-Null-CO_2-Emissionen im Bauwesen bis zum Jahr 2050 (entsprechend den Vorgaben der EU-Gebäuderichtlinie). Zugleich wird die Richtlinie darlegen, welche Strategien der Kreislaufwirtschaft zur Ressourcenschonung im Planungs- und Bauprozess zur Verfügung stehen. Damit schließen sich Material- und Emissionsperspektive in einem konsistenten Rahmen: Die Kreislaufwirtschaft verbindet Ressourceneffizienz und Emissionsreduktion – und macht deutlich, dass nachhaltiges Bauen nur gelingt, wenn beide Aspekte gemeinsam gedacht und konsequent adressiert werden.

Um zu verstehen, wie sich Emissionen wirksam reduzieren und Ressourcen zugleich effizient einsetzen lassen – und wie dieser Anspruch in der Praxis konkret umgesetzt und überprüft werden kann –, wurde von der Stadt Wien das Projekt „Zirkularitätsfaktor (ZiFa)“ gestartet. Mit dem „Orientierungsleitfaden Zirkularitätsfaktor ZiFa 1.0“ liegt ein umfassendes Kriterienset vor, das die Kreislauffähigkeit von Gebäuden und Sanierungen strukturiert erfasst. Der ZiFa betrachtet dabei zahlreiche Aspekte des zirkulären Bauens – etwa den ressourcenschonenden Materialeinsatz, Rückbau- und Wiederverwendungspotenziale, Flexibilität, Langlebigkeit und Recyclingfähigkeit. Damit dient der ZiFa 1.0 als wissenschaftlich fundierte Orientierung und als gemeinsame Grundlage, um Anforderungen an zirkuläres Bauen klarer zu beschreiben und vergleichbar zu machen. Aktuell wird der ZiFa 1.0 weiterentwickelt und an verschiedenen Bauvorhaben getestet, um die Kriterien auf Praxistauglichkeit, Anwendbarkeit und Überprüfbarkeit zu evaluieren. Auf Basis dieser Erkenntnisse wird der ZiFa systematisch weiterentwickelt; eine praxistaugliche Fassung des „ZiFa 2.0“ soll bis Ende 2026 vorliegen.

Eine zentrale Stellschraube der Ressourcenschonung, die auch mit dem ZiFa adressiert wird, ist die Wiederverwendung von Bauteilen und Materialien. Damit rückt unmittelbar das Thema Abfall und Abfallwirtschaft in den Fokus, insbesondere das Abfallwirtschaftsgesetz (AWG 2002). Es definiert, wie Abfälle sachgerecht behandelt werden müssen, um Umweltbelastungen zu vermeiden. Für das zirkuläre Bauwesen ist das besonders relevant, da das Gesetz das „Abfallende“ definiert und somit jene Voraussetzungen schafft, unter denen ein als Abfall eingestufter Stoff wieder zum Wertstoff wird. Erst dadurch werden die rechtlichen und organisatorischen Voraussetzungen für echtes Reuse geschaffen. Bei Massenbaustoffen wie Aushubmaterial oder Schüttgut ist dieser Übergang bereits gut etabliert. Im Hochbau hingegen treten im Zusammenhang mit der Wiederverwendung von Bauteilen Fragen der Prüfung, Zertifizierung, Haftung und Gewährleistung auf. Während für neue Produkte klar geregelte Vorgaben und Prozesse bestehen, fehlen solche Strukturen für gebrauchte Bauteile bislang weitgehend. Hier sind verlässliche Prüfroutinen und einheitliche Standards zu entwickeln. Trotz dieser Herausforderungen treiben zahlreiche Initiativen und Unternehmen den wiederverwendungsorientierten Rückbau sowie die Nutzung von Reuse-Bauteilen aktiv voran. Wesentlich ist dabei, dass der wiederverwendungsorientierte Rückbau sorgfältig geplant und zeitlich vor dem maschinellen Abbruch erfolgt – nur so lassen sich möglichst viele Bauteile in ihrer ursprünglichen Funktion erhalten und einer hochwertigen Wiederverwendung zuführen.

Die fortlaufende Anpassung rechtlicher Rahmenbedingungen ist entscheidend, um die Transformation hin zu einem ressourcenschonenden, kreislauforientierten Bauwesen wirksam zu unterstützen. Auf Wiener Landesebene wurden und werden dafür bereits wichtige Schritte gesetzt: Seit 2023 ist in Paragraf 1 der Wiener Bauordnung festgehalten, dass die „Förderung der nachhaltigen Nutzung der natürlichen Ressourcen" ein Ziel der Stadtentwicklung ist. Damit rückt die nachhaltige Nutzung von Ressourcen noch stärker in den Fokus der Stadtplanung. Deutlich sichtbar wird das etwa im Stadterweiterungsgebiet Nordwestbahnhof, wo Kreislaufwirtschaft ein integraler Bestandteil der Bauträger- und Architekturwettbewerbe ist.

Auch bei Förderungen wird gezielt auf die Unterstützung des zirkulären Wandels geachtet. Ein Beispiel ist die Sanierungs- und Dekarbonisierungsverordnung: Förderungswerbende erhalten zusätzliche Unterstützung, wenn sie ökologische, ressourcenschonende, kreislauffähige und klimaschonende Bauweisen und Materialien einsetzen. Eine spezielle Kommission des wohnfonds_wien prüft die eingereichten Projekte; die daraus gewonnenen Erkenntnisse fließen wiederum laufend in die Weiterentwicklung der Förderungsgrundlagen ein.

Mit den heute bestehenden und in Umsetzung befindlichen Vorgaben auf EU-, Bundes- und Landesebene sind wichtige Schritte für die Weiterentwicklung des regulatorischen Rahmens gesetzt. Nun geht es darum, diesen Weg fortzusetzen – mit dem Ziel, Ressourcenschonung und Umweltwirkung als selbstverständlichen Bestandteil unseres Handelns zu verankern und Vorgaben und Prozesse darauf auszurichten. Dazu gehört, bestehende, die Zirkularität hemmende Regelungen kritisch zu hinterfragen, dort weiterzuentwickeln oder zu vereinfachen, wo es sinnvoll ist, und neue Vorgaben so zu gestalten, dass sie ressourcenschonendes Handeln erleichtern, praktikabel bleiben und effizient umsetzbar sind. Langfristig schafft ein solcher Ansatz die Basis für ein zirkuläres Bauen, das sowohl ökologisch verantwortungsvoll als auch gut handhabbar ist.

Stefanie Roithmayr und Georg Hofmann,
Stabsstelle Ressourcenschonung und Nachhaltigkeit im Bauwesen,
Magistratsdirektion Stadt Wien – Geschäftsbereich Bauten und Technik

Das kommunale Rohstofflager der Zukunft

Marie Grützner

Die globalisierte Welt im vermeintlichen Überfluss macht sich auch in der Baubranche bemerkbar. Alles ist zu jeder Zeit an jedem Ort verfügbar – bisher. Kein Grund also, einen solchen Zustand zu ändern? Was für die Zukunft bleibt, sind endliche Ressourcen, graue Emissionen, die bei Herstellung und weitem Transport ausgestoßen wurden, und Bauabfall – somit ein irreparabler Schaden für die Umwelt und für zukünftige Generationen. Woher kommt das Material und wer wirft den Blick auf unsere unmittelbare (gebaute) Umwelt? Was wäre, wenn ab sofort ausschließlich Ressourcen aus einer begrenzten Region für Bautätigkeiten verwendet werden dürften? Kein Produkt, kein Baustoff dürfte mehr als 50 Kilometer weit transportiert werden. Welche Systeme und Infrastrukturen wären dann notwendig, um *von dem Raum leben zu können, in dem wir leben* – um lokale Ressourcen im Kreislauf zu halten? Idealerweise lassen sich die folgenden Visionen verwirklichen.

Der Umgang mit Ressourcen ist eine Sache von Verantwortung – für das Jetzt und für die Zukunft. Verantwortung wird auf vielen Schultern getragen. Besonders die öffentliche Hand stellt einen großen Hebel für die Transformation der Bauwende hin zu geschlossenen Baustoffkreisläufen dar.

Eine zukünftige *Kreislaufkommune* – sowohl im ländlichen als auch im urbanen Raum– ist mit einem Rohstofflager gleichzusetzen. Sie vermeidet Abfall, baut Baustoffe sortenrein zurück, verwendet Produkte, Baustoffe und Bauteile mehrfach, organisiert somit *Urban Mining*, baut digitale Materialdatenbanken und Secondhand-Bauteilbörsen auf, fördert die lokale Herstellung von Produkten und zirkuläre Start-ups, baut mit biobasierten, kreislauffähigen Materialien, stärkt den Bauregionalismus, fördert Zwischen- und Nachnutzungen und reduziert Flächenverbrauch.

All diese Bausteine einer Kreislaufkommune sind miteinander verzweigt und auf allen Ebenen der Raumplanung verankert: Land, Region, Kommune, Quartier, Gebäude, Bauteil. Die Komplexität der Kreislaufwirtschaft und der Weg zur Kreislaufkommune erfordern strategische Planung. Eine kommunale oder regionale Kreislaufwirtschaftsstrategie kann als Kompass dienen und Ziele abstecken.

Betrachten wir nun das Gedankenexperiment einer Systemgrenze von 50 Kilometer Radius: Das Sichtfeld wird kleiner, und sogleich wird der Wert der vorhandenen gebauten Umgebung erkannt. Denn innerhalb dieses Radius sind Ressourcen, die nicht als Abfall deklariert, sondern künftig in die Wiederverwendung gebracht werden sollten, nur begrenzt verfügbar. Dafür ist eine Infrastrukturplanung nötig, die es erlaubt, wiederverwendbare und -verwertbare Baustoffe und Bauteile erneut als Rohstoff einzusetzen. Eine Option sind Secondhand-Bauteilbörsen bzw. *Umbauhöfe* mit zirkulären Logistiksystemen für die Annahme, Reparatur, Weiterverarbeitung und Rückführung von Materialien und Bauteilen.

Viele Kommunen erachten die Etablierung dieses neuen Bausteins in der Raumplanung momentan als zusätzliche Aufgabe, die zwischen den anstehenden Bauaufgaben nicht realisierbar ist. Zudem scheitern die Planungen oft an der Flächenknappheit und an Fragen der Genehmigung, am Betreibermodell und der Wirtschaftlichkeit. Zugleich entwickeln sich in Bezug auf zirkuläre Logistiksysteme neue Fragestellungen: Wie viel gebaute Masse steckt eigentlich im Gebäudebestand, welches Material ist zu welchem Prozentsatz darin vorhanden? Wie hoch ist das Wiederverwendungspotenzial der gebauten Masse in Bezug auf Wieder-, Weiterverwendung oder Recycling? Zu welchem Zeitpunkt wird welches Material (und in welcher Menge) im Zuge einer Sanierung oder eines Rückbaus verfügbar sein? Hinzu kommen voneinander abweichende Anforderungen für unterschiedliche Stoffströme hinsichtlich Innovations- und Ausstattungsbedarf und Reparatur- und Aufbereitungslogistik. Die Prozesse für Beton, Stahl, Holz und Glas müssen unterschiedlich betrachtet werden, es benötigt verschiedene Akteur:innen, Expertisen und Spezialisierungen. Für eine allumfassende Stoffkreislaufstrategie sind zudem die Bedarfsmenge der Baustoffe für die nächsten Bauvorhaben und der Zeitpunkt der Bedarfsentstehung festzustellen. Denn die Bedarfsmenge kann mit dem Angebot, also den Stoffströmen, die aus dem Bestand hervorgehen, verknüpft werden. Das klingt zunächst einmal analytisch, doch prinzipiell steckt der Kern in der Transparenz und Überlagerung der Baustoffmengen aus Angebot und Bedarf und besonders in der zeitlichen Komponente und der zeitgenauen Vermittlung von Bauteilen von Quell- zu Zielobjekt. Im *Matching* und einer dazupassenden digitalen Infrastruktur liegt somit die Krux. Denn tatsächlich ist das oberste Ziel, die Zwischenlagerung von Bauteilen möglichst zu vermeiden und eine sofortige Vermittlung voranzutreiben.

Ein Umbauhof wird dann erfolgreich sein, wenn Materialmengen und Stoffströme sichtbar gemacht werden, Angebot und Nachfrage kontinuierlich steigen und digitale Infrastrukturen etabliert und verstetigt werden. Aufgrund der beschriebenen Komplexität ist der gegenwärtige Stand eine große Herausforderung. Wo also anfangen? Wie in der Folge angeführt, haben Kommunen bereits heute schon viele Handlungsspielräume, um den Übergang zum Stoffkreislauf zu unterstützen, resiliente Infrastrukturen für eine zukünftige Kreislaufkommune aufzubauen sowie Angebot und Nachfrage anzukurbeln.

VORBILDFUNKTION EINNEHMEN, KREISLAUFPRINZIPIEN FESTSETZEN

Die Vorbildfunktion der öffentlichen Hand bei der öffentlichen Beschaffung ist in Deutschland gesetzlich im Kreislaufwirtschaftsgesetz (§ 45 KrWG) verankert. Die Kommune entscheidet über Materialien, Bauweise, Ausschreibungsrichtlinien und Vergabe – und kann sowohl Kreislaufprinzipien in die Praxis bringen als auch die Dekarbonisierung der Bauvorhaben durch Integration von Klimafolgekosten vorantreiben. Somit steckt in einer nachhaltigen kommunalen Beschaffungspolitik ein zentraler Hebel. Übergeordnet können Kreislaufprinzipien durch politische Grundsatzbeschlüsse strategisch als Vorgabe in Bebauungspläne integriert werden. Jede Bauaufgabe sollte mit der Zielsetzung zum Einsatz von Sekundärbaustoffen und Baustoffen aus nachwachsenden Rohstoffen, zu flexiblen, rückbaubaren Bauweisen für langfristige Gebäudestrategien und zur Dokumentation des Baustoff- und Produkteeinsatzes durch digitale Gebäuderessourcenpässe beginnen. Sortenreiner Rückbau und temporäre Umschlagplätze sollten bei Rückbau- und Umbaumaßnahmen standardmäßig ausgeschrieben werden. In einer *Phase 0* kann die Zielsetzung gemeinsam mit Planenden vertraglich festgelegt werden. All das schafft Anreize für die Transformation des Marktes für kreislauffähige Produkte und Dienstleistungen.

GEBÄUDEBESTAND BETRACHTEN

Der Gebäudebestand muss zum Zentrum des kommunalen Fokus werden – welche Möglichkeit des Bestandserhalts, des Umbaus und der Umnutzung des Bestands sind vorhanden? Welcher Gebäudebestand wird zukünftig (teil-)rückgebaut und welche Wiederverwendungspotenziale stecken darin? Gezielte Machbarkeitsstudien zum Bestandserhalt und Umnutzungsstrategien können Klarheit bringen. *Pre-Deconstruction-Audits* geben Auskunft über den Zustand bestehender Substanz und deren Optionen zur Wiederverwendung. Die Transparenz über eigene anstehende Rückbauprojekte – mithilfe eines Rückbaukatasters – würden die Grundlage für die Integration des eigenen Immobilienbestands in die Wiederverwendungskonzepte neuer Bauvorhaben bilden.

BAUSTOFFSTRÖME VERFOLGEN

Die Transparenz über wiederverwendbare Bauteile wird durch digitale Bauteilkataloge und Materialdatenbanken erreicht. Hier setzt der entscheidende Faktor der zeitlichen Komponente ein. Das Angebot muss mit dem Bedarf von anstehenden Projekten überlagert werden, wodurch ein neuer Aufgabenkomplex innerhalb der Kommune entsteht. Datenbanken müssen gefüllt und überwacht, Baustoffströme verfolgt werden. Die Kommune nimmt in diesem komplexen System eine neue Rolle ein.

NETZWERK AUFBAUEN

Ein abgesteckter Radius als Systemgrenze existiert selbstverständlich nicht. Die Übergänge sind fließend und die Komplexität der Kreislaufwirtschaft kann eine einzige Kommune allein nicht bewältigen. Ein Zusammenschluss zwischen benachbarten Kommunen ist notwendig, um gemeinschaftliche Infrastrukturen zu schaffen. Es benötigt gemeinsame Zielsetzungen, Aufgabenteilung und Spezialisierungen, um in der Breite größere Wirkung zu erzielen. Besonders im ländlichen Raum ist ein breiter, regionaler Zusammenschluss erforderlich, um die Aufgabenkomplexität zu meistern. Lokale Recyclingunternehmen, produzierende Unternehmen und Handwerksbetriebe sind wertvolle Akteur:innen und müssen integriert werden, um ein interdisziplinäres, aufeinander abgestimmtes Bau-Ökosystem aufzubauen und um Reparaturzentren und Logistiksysteme für die Rückführung und Weiterverarbeitung von Materialien entwickeln zu können.

WERTE VERMITTELN

Die wichtigste und womöglich schwierigste Aufgabe ist die Wertevermittlung. Es geht dabei um die Änderung der Betrachtungsweise, Sekundärmaterial als einen wieder einsetzbaren Rohstoff zu erkennen.

Ein monetärer Restwert ist darin ebenfalls enthalten. Zirkuläres Bauen lässt sich mit Werterhalt von Materialien, Ressourcenschonung, Klimaschutz und auch mit Qualität oder einer neuen Ästhetik begründen. Eine reine Betrachtung eines theoretischen, zusätzlichen Kostenfaktors ist nicht zielführend. Deshalb sind Sensibilisierungs- und Bildungsmaßnahmen mit Blick auf Kommunen und Bürger:innen entscheidende Bestandteile für die Etablierung einer Kreislaufwirtschaft.

Wie bereits betont, wird Verantwortung auf mehreren Schultern getragen. Übergeordnet braucht es Land und Bund in unterstützender Funktion. Die Wiederverwendung von Bauteilen und -stoffen verlangt vor allem politische Aufmerksamkeit und finanzielle Anschubhilfen für Start-ups und Betreibende. Es setzt übergeordnete Bundes- und Landesstrategien, Analysen und Forschungsvorhaben voraus. Es erfordert eine neutrale bundes- oder landesweite Metaplattform, die Wissen bündelt und Kommunen die Möglichkeit bietet, ihre eigenen Materialdatenbanken damit zu koppeln. Weiters mangelt es an Beratungsangebot und Expertenkomitees, die den Kommunen für den Aufbau einer internen Prozesskultur hin zur Kreislaufwirtschaft und zum Bauregionalismus zur Seite stehen. Nicht zuletzt verlangt es einen flächendeckenden, standardisierten Aufschlag von Klimafolgekosten bei jeder einzelnen Bauleistung und jedem einzusetzenden Baustoff – woraus sich die entscheidende Signifikanz für Sekundärmaterial entwickeln wird.

Geschlossene Stoffkreisläufe und Umbauhöfe sind komplex und müssen in mehreren Strängen betrachtet und angekurbelt werden. Doch eine Kreislaufkommune im urbanen oder ländlichen Raum ist mittlerweile keine Fantasie, sondern eine reale Entwicklung. Kommunen können sich bereits zu diesem Zeitpunkt als Rohstofflager für die Zukunft betrachten und die Weichen für kreislauffähige, ressourcenschonende Infrastrukturen stellen.

Marie Grützner,
Architektin und Referentin für nachhaltige Transformation im Strategiedialog Bauen BW

UH-ST-001

UH-ST-002

UH-ST-003

UH-ST-005

UH-ST-006

UH-ST-007

UH-ST-008

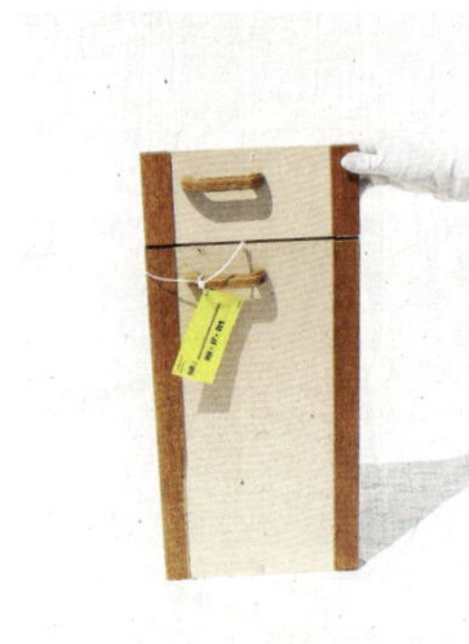

UH-ST-009

UH-ST-010

UH-ST-011

UH-ST-012

UH-ST-013

UH-ST-014

UH-ST-015

UH-ST-016

UH-ST-017

UH-ST-004

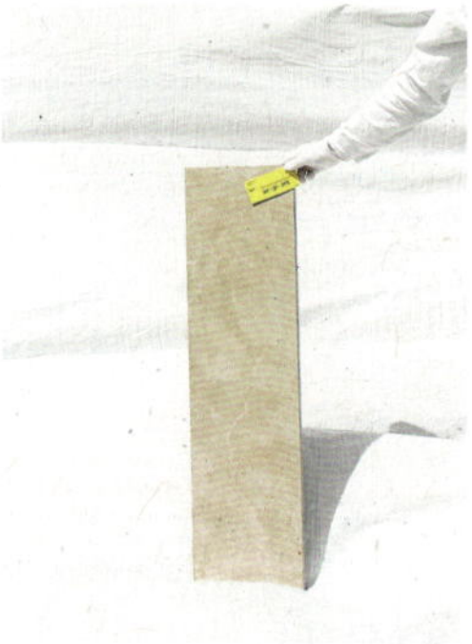

UH-ST-018

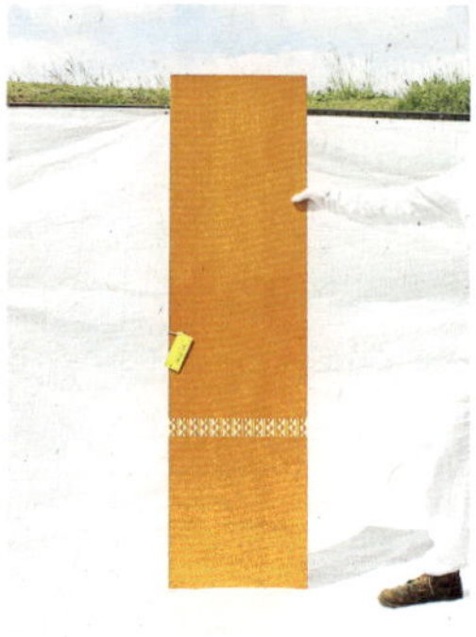

UH-ST-019

UH-ST-020

UH-ST-021

UH-ST-022

UH-ST-023

UH-ST-024

UH-ST-025

UH-ST-026

UH-ST-027

UH-ST-028

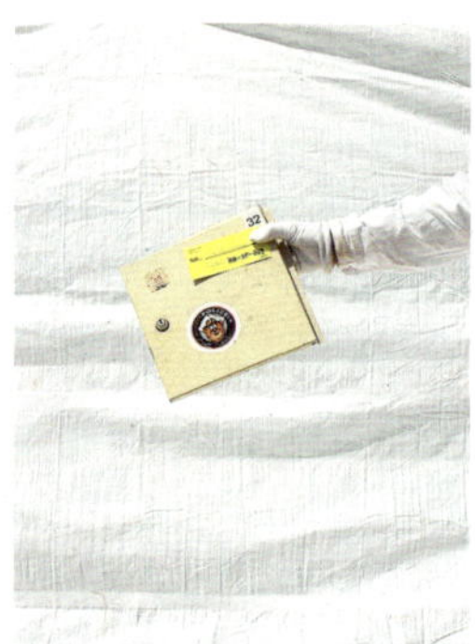

UH-ST-029

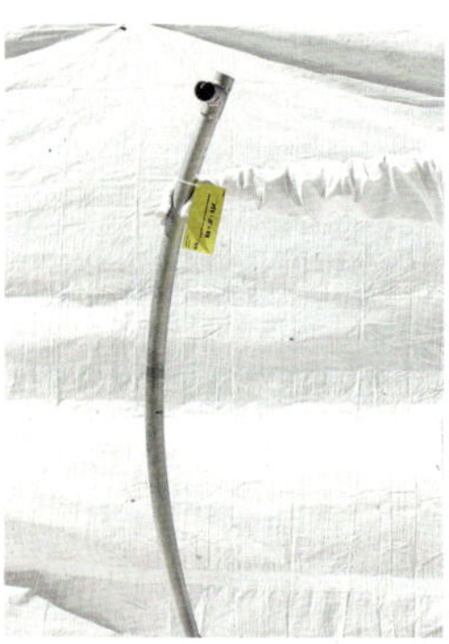

UH-ST-031

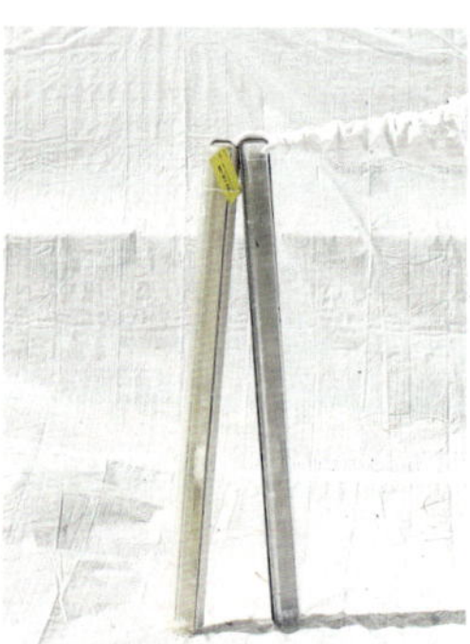

UH-ST-032

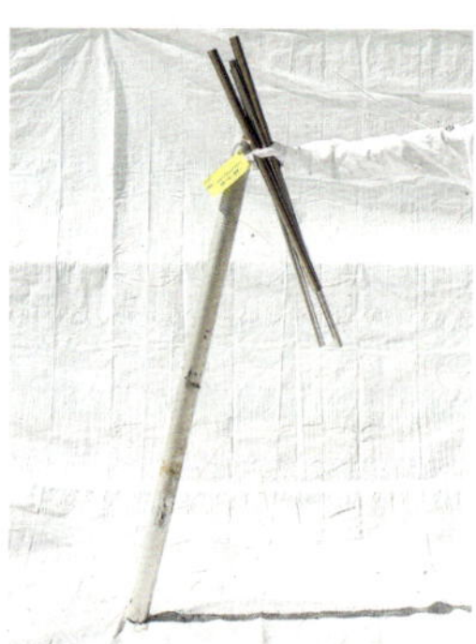

UH-ST-035

UH-ST-036

UH-ST-033

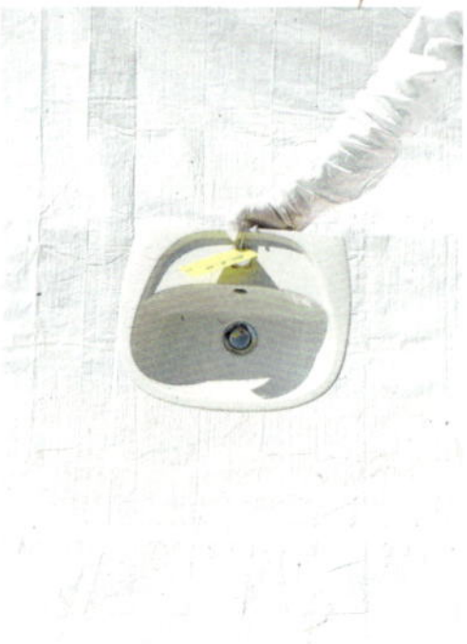

UH-ST-037

UH-ST-038

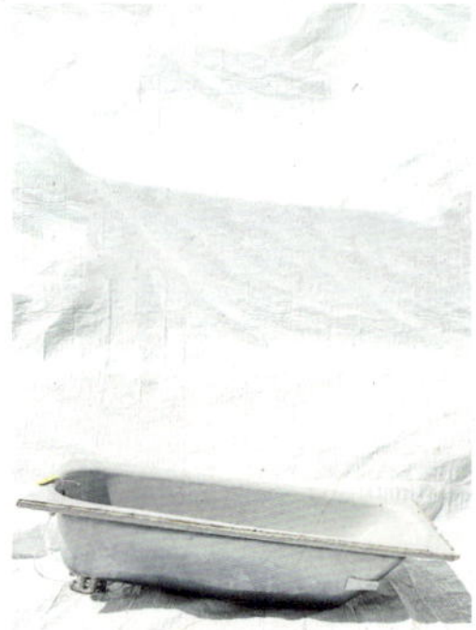

UH-ST-040

UH-ST-041

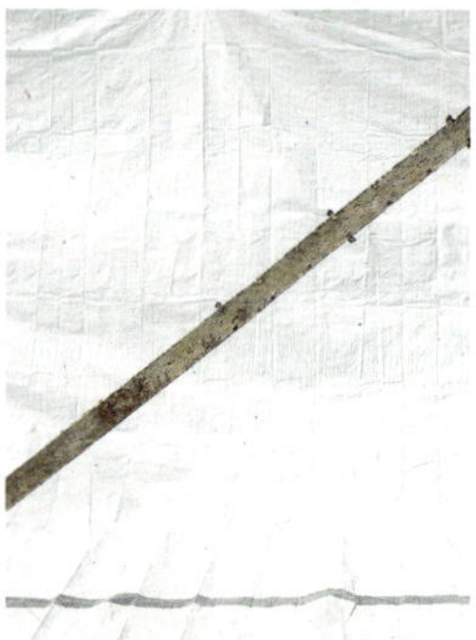

UH-ST-042

UH-ST-043

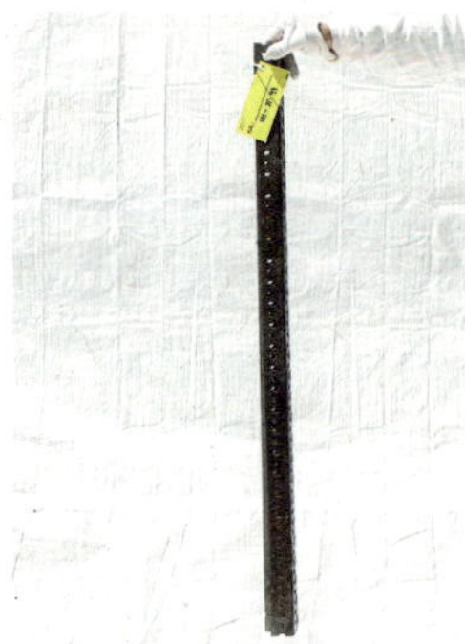

UH-ST-044

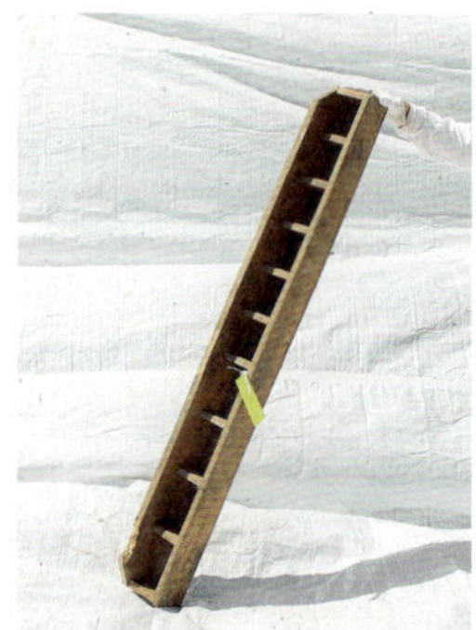

UH-ST-045

UH-ST-046

UH-ST-047

UH-ST-048

UH-ST-049

UH-ST-050

UH-ST-051

UH-ST-052

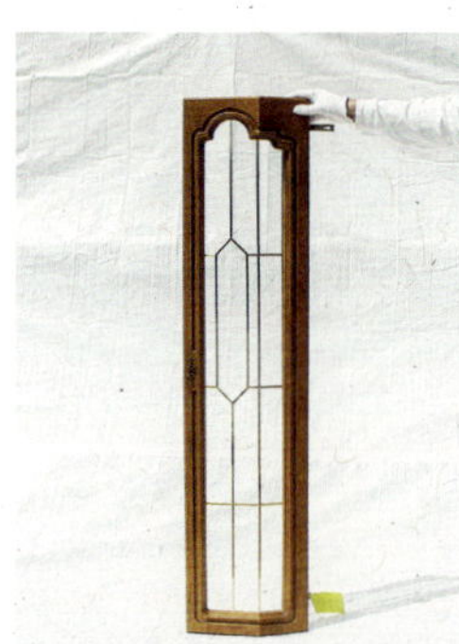

UH-ST-053

UH-ST-039

UH-ES-002

UH-ES-003

UH-ES-004

UH-ES-005

UH-ES-006

UH-ES-007

UH-ES-008

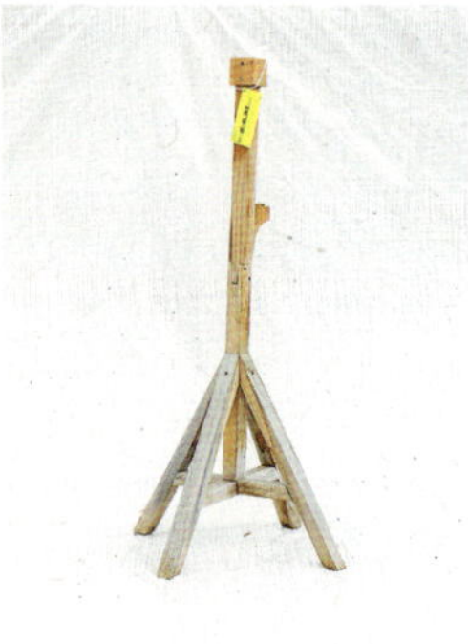

UH-ES-009

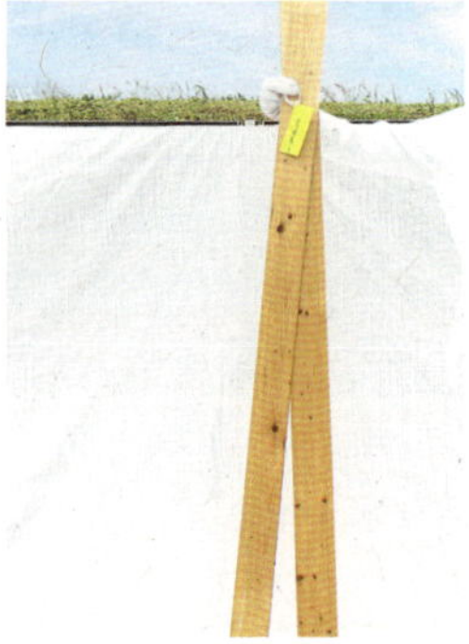

UH-ES-010

UH-ES-012

UH-ES-013

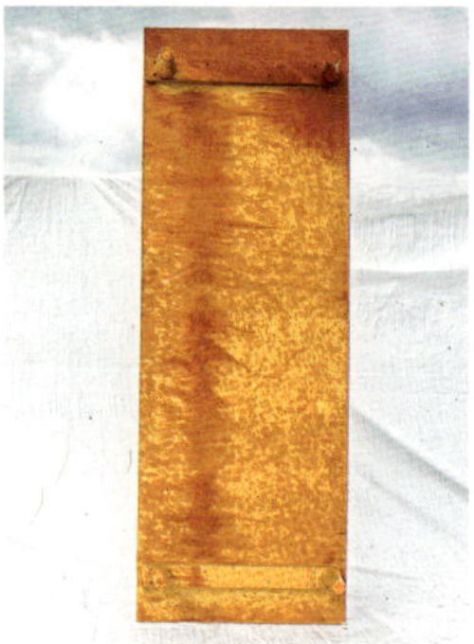

UH-ES-014

UH-ES-016

UH-ES-018

UH-ST-019

UH-ST-020

UH-ST-022

UH Umbauhof
ES Eisenstadt
ST Strem
M Material
L Länge (cm)
B Breite (cm)
H Höhe (cm)
T Tiefe (cm)
D Durchmesser (cm)

UH-ST-001 Ofenrohr
M: Metall
L: 100 D: 13

UH-ST-002 Lampe
M: Metall, Glas,Kunststoff
H: 27 D: 24

UH-ST-003 Wellplatte
M: Kunststoff
L: 800 B: 101

UH-ST-004 Fenster
M: Holz, Glas, Metall
H: 96 B: 33 T: 3

UH-ST-005 Fensterladen
M: Holz, Metall
H: 126 B: 50 T: 2

UH-ST-006 U-Profil
M: Aluminium
L: 203 B: 6 H: 3

UH-ST-007 Schranktür
M: Holz, Glas
H: 107 B: 36 T: 1

UH-ST-008 Tür
M: Holz, Alu, Glas
H: 200 B: 90 T: 3

UH-ST-009 Küchenschranktür
M: Spanplatte
H: 66 B: 30 T: 2

UH-ST-010 Schaumstoffmatte
M: Polyuretan
L: 180 B: 140 H: 4

UH-ST-011 Werkzeugbox
M: Holz
L: 30 B: 19 H: 29

UH-ST-012 Stuhl
M: Aluminium, Kunststoff
B: 55 T: 44 H: 80

UH-ST-013 Stuhl
M: Aluminium, Holz
B: 47 T: 42 H: 82

UH-ST-014 Bank
M: Holz
B: 69 T: 48 H: 82

UH-ST-015 Terrassentür
M: Holz, Glas
B: 48 T: 3 H: 192

UH-ST-016 Hocker
M: Holz
B: 42 T: 42 H: 52

UH-ST-017 Hocker (ohne Sitzfläche)
M: Holz
B: 33 T: 33 H: 42

UH-ST-018 Fensterbrett
M: Spanplatte
L: 106 B: 27 H: 1

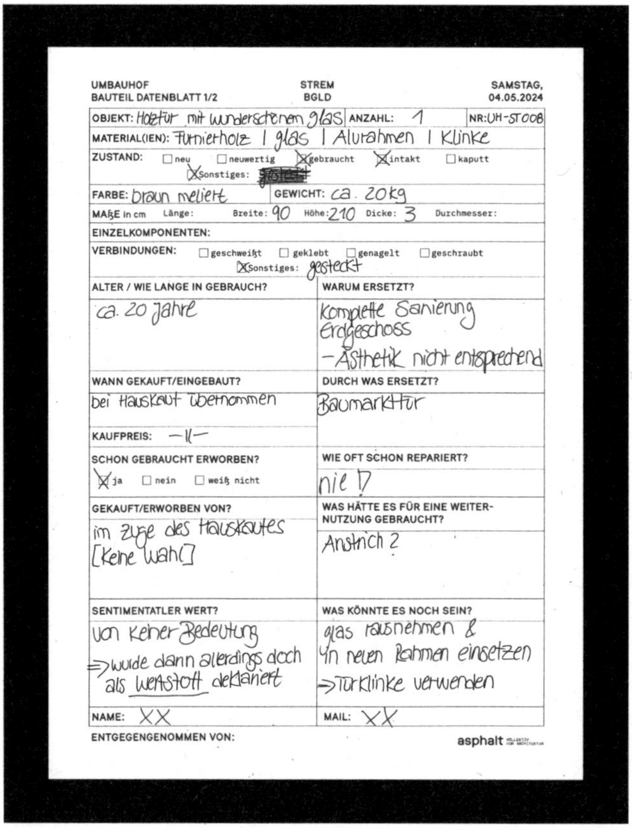

UMBAUHOF
BAUTEIL DATENBLATT 1/2
STREM
BGLD
SAMSTAG,
04.05.2024

OBJEKT: Holztür mit wunderschönem glas | ANZAHL: 1 | NR: UH-ST008
MATERIAL(IEN): Furnierholz | glas | Alurahmen | Klinke
ZUSTAND: ☐ neu ☐ neuwertig ☒ gebraucht ☒ intakt ☐ kaputt ☒ Sonstiges:
FARBE: braun meliert | GEWICHT: ca. 20kg
MAẞE in cm Länge: Breite: 90 Höhe: 210 Dicke: 3 Durchmesser:
EINZELKOMPONENTEN:
VERBINDUNGEN: ☐ geschweißt ☐ geklebt ☐ genagelt ☐ geschraubt ☒ Sonstiges: gesteckt

ALTER / WIE LANGE IN GEBRAUCH?
ca. 20 Jahre

WARUM ERSETZT?
Komplette Sanierung Erdgeschoss
– Ästhetik nicht entsprechend

WANN GEKAUFT/EINGEBAUT?
bei Hauskauf übernommen

DURCH WAS ERSETZT?
Baumarkttür

KAUFPREIS: –//–

SCHON GEBRAUCHT ERWORBEN?
☒ ja ☐ nein ☐ weiß nicht

WIE OFT SCHON REPARIERT?
nie !?

GEKAUFT/ERWORBEN VON?
im Zuge des Hauskaufes [Keine Wahl]

WAS HÄTTE ES FÜR EINE WEITERNUTZUNG GEBRAUCHT?
Anstrich ?

SENTIMENTATLER WERT?
von keiner Bedeutung
=> wurde dann allerdings doch als Wertstoff deklariert

WAS KÖNNTE ES NOCH SEIN?
glas rausnehmen & in neuen Rahmen einsetzen
=> Türklinke verwenden

NAME: XX
MAIL: XX
ENTGEGENGENOMMEN VON:
asphalt

Abb. 56
Standardisiertes Erfassungsformular des Umbauhofs als Instrument zur materiellen und narrativen Dokumentation gebrauchter Bauteile.

UH-ST-019 Schranktür
M: Spanplatte
H: 188 B: 48 T: 2

UH-ST-020 Tür
M: Holz
H: 180 B: 92 T: 4

UH-ST-021 Bilderrahmen
M: Holz
L: Verschiedene Maße

UH-ST-022 Werkzeugkasten
M: Metall
L: 40 B: 20 H: 23

UH-ST-023 Kiste
M: Holz
L: 25 B: 89 H: 15

UH-ST-024 Sieb mit Gestell
M: Holz
L: 48 B: 46 H: 12

UH-ST-025 Tür
M: Holz, Metall
H: 210 B: 89 T: 4

UH-ST-026 Spule
M: Holz
H: 15 D: 18

UH-ST-027 Fensterladen
M: Holz
H: 42 B: 32 T: 3

UH-ST-028 Fensterrahmen
M: Holz, Metall
H: 100 B: 49 T: 3

UH-ST-029 Spindtür
M: Metall
H: 26 B: 26 T: 2

UH-ST-031 Rohr
M: Metall
L: 140 D: 4

UH-ST-032 Leuchte
M: Kunststoff
L: 150 B: 5 H: 7

UH-ST-033 Tür
M: Holz, Metall
H: 200 B: 85 T: 4

UH-ST-035 Rohre
M: Metall
L: Verschiedene Maße

UH-ST-036 Stahlrohr
M: Metall
L: 150 D: 10

UH-ST-037 Waschbecken
M: Keramik
L: 45 B: 30

UH-ST-038 Verkleidung
M: Alu
L: 134 B: 70

UH-ST-039 Waschbecken
M: Keramik
L: 64 B: 52

UH-ST-040 Badewanne
M: Eisen
L: 170 B: 75 H: 56

UH-ST-041 Waschbecken
M: Metall
L: 60 B: 41 H: 34

UH-ST-042 Stele
M: Beton
L: 6 B: 7 H: 240

UH-ST-043 Schranktür
M: Holz, Metall
H: 112 B: 95 T: 2

UH-ST-044 L-Profil
M: Metall
L: 4 B: 6 H: 112

UH-ST-045 Regal
M: Holz
L: 200 B: 15 H: 17

UH-ST-046 Schranktür
M: Spanplatte
H: 40 B: 35 T: 2

UH-ST-047 Ziegel
M: Lehm
L: 25 B: 12 H: 6

UH-ST-048 Leuchte
M: Glas
B: 7 D: 25

UH-ST-049 Ziegel
M: Lehm
L: 18 B: 12 H: 6

UH-ST-050 Ösenschraube
M: Metall
L: 5

UH-ST-051 Leuchte
M: Glas
H: 35 D: 15

UH-ST-052 Schemel
M: Holz
L: 41 B: 19 H: 20

UH-ST-053 Schranktür
M: Holz, Glas
H: 140 B: 34 T: 5

UH-ES-002 Leuchte
M: Metall, Kunststoff
H: 42 D: 20

UH-ES-003 Klobrille
M: Holz
L: 44 B: 36

UH-ES-004 Stuhl
M: Holz
B: 45 T: 42 H: 93

UH-ES-005 Hochlochziegel
M: Lehm
L: 50 B: 10 H: 24

UH-ES-006 Betonstein
M: Beton
L: 50 B: 25 H: 25

UH-ES-007 Porenbeton
M: Sand, Kalk
L: 63 B: 10 H: 25

UH-ES-008 Dachbalken
M: Holz
L: 48–165 B: 16 H: 22

UH-ES-009 Holzständer
M: Holz
L: 4 B: 4 H: 152

UH-ES-010 Schalungsbretter
M: Holz
L: 207 B: 10 H: 1

UH-ES-012 Holzbrett
M: Holz
L: 100 B: 15 H: 1

UH-ES-013 Tischplatte
M: Glas
L: 60 B: 60

UH-ES-014 Gestell
M: Holz
L: 210 B: 60 H: 25

UH-ES-016 Profile
M: Aluminium
L: 2 B: 3 H: 150

UH-ES-018 Schrank
M: Spanplatte, Glas
L: 35 B: 10 H: 60

UH-ES-019 Fliese
M: Keramik
L: 25 B: 45 H: 1

UH-ES-020 Eule
M: Kunststoff
L: 10 B: 10 H: 45

UH-ES-022 Vase (zerbrochen)
M: Keramik
H: 40 D: 34

Eine geteilte Infrastruktur des Umbaus

asphalt

Bauhöfe in ihrer heutigen Form sind ein vergleichsweise junges Phänomen. Sie entwickelten sich im Laufe des 20. Jahrhunderts parallel zur Ausdifferenzierung kommunaler Aufgabenfelder. Mit der Übernahme von Instandhaltung, Winterdienst, Grünraumpflege und technischer Infrastruktur durch Stadtverwaltungen entstand ein wachsender Bedarf an Standorten für Lagerung, Fuhrparks und Werkstätten. Insbesondere in der zweiten Hälfte des 20. Jahrhunderts führte dies zu einem kontinuierlichen Ausbau der Bauhöfe als funktionale, meist randständige Infrastrukturen.

Zugleich lassen sich in der Bau- und Stadtgeschichte zahlreiche Vorläufer finden, die dem Typus Bauhof strukturell nahekommen. Bereits im Hochmittelalter existierten sogenannte Werckhöfe, die der Lagerung, Zurichtung und Verarbeitung von Baumaterial dienten und räumlich auf die Bedürfnisse von Zimmerleuten und anderen Bauhandwerkern abgestimmt waren. Ein eindrückliches Beispiel aus dem Spätmittelalter ist der *Bauhofstadel* in Bad Windsheim in Bayern (1441–1444),[1] der als großmaßstäblicher, überdachter Arbeits- und Lagerort für städtische Bauvorhaben diente und durch seine konstruktive Ausbildung bis heute beeindruckt. (Abb. 57)

Auch Zeughäuser weisen Parallelen zum Bauhof auf. Sie waren Orte der Lagerung, Wartung und Bereitstellung – im spezifischen Fall von Waffen und Kriegsmaterial – und häufig mit Werkstätten kombiniert. Das *Landeszeughaus Graz* (1642–1644) steht exemplarisch für diese Typologie: als funktionaler Speicherbau, zugleich aber auch als repräsentatives öffentliches Gebäude, das inzwischen museal genutzt wird. (Abb. 58)

Ein weiterer historischer Bezugspunkt sind die Bauhütten, die im Kontext großer Kathedralbauten

Abb. 57

Abb. 58

1 Bedal, Konrad (Hrsg.). *Häuser aus Franken. Museumshandbuch für das Fränkische Freilandmuseum in Bad Windsheim.* Bad Windsheim 2007.

Abb. 59

entstanden. Sie fungierten als Werkstatt, Zeichensaal und Materiallager für die beteiligten Handwerker. Nach Abschluss der Bauarbeiten wurden viele dieser Bauhütten für die laufende Instandhaltung der Bauwerke weitergenutzt. Insofern kann auch die *Dombauhütte Freiburg* als früher Vorläufer heutiger Bauhofstrukturen gelesen werden: als dauerhafte Infrastruktur für Bau, Pflege und Wissenstransfer. (Abb. 59)

Die Lagerstätte für kommunale und städtische Aufgaben unterliegt aufgrund der zunehmenden Komplexität öffentlicher Verantwortung einem kontinuierlichen Wandel. Vor diesem Hintergrund ist die Transformation des Bauhofs zum Umbauhof keine bloße funktionale Erweiterung, sondern eine logische Konsequenz gesellschaftlicher, ökologischer und ökonomischer Entwicklungen. Der Umbauhof etabliert sich als neuer Typus und multikodierter Ort, der Schaudepot, Werkstatt, Material- und Wissensdatenbank, Bildungsort und sozialen Raum miteinander verbindet.

Abb. 57
Bauhofstadel in Bad Windsheim als spätmittelalterlicher Arbeits- und Lagerort für städtische Bauvorhaben.

Abb. 58
Das Landeszeughaus Graz als kombinierter Lager- und Wartungsbau.

Abb. 59
Alte Bauhütte am Freiburger Münster – dauerhafte Infrastruktur für Bau, Pflege und handwerkliche Wissensweitergabe.

Der Umbauhof ist Knotenpunkt und Katalysator für eine neue Umbaukultur und macht bislang verborgene Potenziale erfahrbar, zugänglich und nutzbar. Er wird zu einem lebendigen Zentrum der Kreislaufwirtschaft – einer Plattform, auf der gemeinsam gedacht, erprobt und weiterentwickelt wird. Hier wird Materialüberschuss nicht nur sichtbar gemacht, sondern im Schaudepot inszeniert, um neue Perspektiven auf Wertstoffkreisläufe zu eröffnen. Gleichzeitig bieten die Werkstätten konkrete Hilfestellungen und Werkzeuge für die Umsetzung zirkulärer Praktiken. Wie können Bauteile wiederverwendet werden? Welche Bauteile müssen wie aufbereitet werden? Welche Fügungstechniken sind notwendig? Wie kann das gewonnene Wissen geteilt werden? Wie lassen sich hybride Strukturen entwickeln? Umbauhöfe haben, je nach regionalem Schwerpunkt in Handwerk und Baukultur, einen unterschiedlichen Fokus auf Material sowie dessen Bearbeitung und Reparatur. Sie sind Orte des gesellschaftlichen und materiellen Austauschs, an dem wiederentdecktes und neu entwickeltes Wissen sowie handwerkliche Techniken weitergegeben und praktisch angewendet werden.

Neben der sozialen Komponente des Umbauhofs, der die Wissensvermittlung, den Erfahrungsaustausch, gemeinsames Experimentieren, Lernen und Weiterentwickeln an wiederverwendbarem Baumaterial bedeuten kann, hat der Umbauhof auch einen ganz pragmatischen und messbaren Einfluss auf die Reduktion von Treibhausgasemissionen im Bauwesen.

Kurze Transportwege zwischen Rückbauort, Zwischenlager und Baustelle, wo Bauteile wieder eingesetzt werden, sind für eine CO_2-arme bzw. klimaneutrale Baupraxis notwendig. Geringe Distanzen wirken sich positiv auf die Ökobilanzierung von Bauvorhaben aus. Je näher diese Orte beieinander liegen, desto besser.

Die dezentrale Verortung und das dichte Netz der Umbauhöfe ermöglichen eine effiziente Materialverschiebung – indem sie den Wiedereinsatz von Bauteilen dort unterstützen, wo sie künftig gebraucht werden, und die Distanzen zwischen Rückbau, Umbauhof und Wiedereinbau systematisch berücksichtigen.

Zusätzlich ist der Umbauhof als digitaler Zwilling unerlässlich – eine digitale Plattform, in der verfügbare Bauteile, ihre Eigenschaften, ihr Zustand auffind- und reservierbar werden. Es ist vor allem eine logistische Herausforderung, Bauteile zum richtigen Zeitpunkt am richtigen Ort zu haben. Planer:innen und Architekt:innen haben Zugriff auf diese Plattform und können Daten zu bereits gelagerten Bauteilen sowie zukünftigen Abbruchvorhaben im Umkreis abfragen. Aufgrund des digitalen Gebäudepasses in einem *Miningverzeichnis* ist die Zugänglichkeit zu detaillierten Daten von Bauteilen möglich.

Die Prozesse am Umbauhof folgen festgelegten Abläufen, die auf eine praxisnahe Logistik und Sortierung von Bauteilen und Materialien ausgerichtet sind:

Alles beginnt mit der Ankunft: Materialien aus Rück- und Umbauvorhaben treffen ein, werden gesichtet, gewogen, geprüft, gescannt, digitalisiert, katalogisiert. Der Annahmepunkt markiert die Schwelle zwischen Müll und Wertstoff. Es wird sortiert und getrennt, jeder Fund erhält Aufmerksamkeit. Prüfroutinen gewährleisten die Begutachtung der Gebrauchstauglichkeit, der Tragfähigkeit, des Brandschutzes oder des Gesundheitsschutzes. Was brauchbar ist, wird instand gesetzt, findet Platz im Zwischendepot, einem Ort der Ordnung. Unverwertbares wird achtsam recycelt, gefährliche Stoffe gehen ihren gesonderten Weg.
In der Werkstatt pulsiert das Herz des Umbaus: Bauteile werden repariert, verwandelt und neu gedacht. Hier entstehen Prototypen, neue Fügetechniken werden erprobt. Kreativität, Wissen und Handwerk bedingen sich gegenseitig.

Im analogen Schaudepot präsentieren sich schließlich die Bauteile, bereit zur Weitergabe. Es lädt zum Entdecken ein, zum Neudenken, zum Mitnehmen. Hier wird das Potenzial der Materialien sichtbar gemacht und ihre Wiederverwendbarkeit modellhaft inszeniert. Eingepflegt in die Datenbank sind die Bauteile reservierbar für neue Projekte, für neue Geschichten. So wird der Umbauhof zur Inspirationsquelle für Bauende, Suchende, Fragende, zu einer Schule des Kreislaufs. In Ausstellungen und offenen Laboren begegnen sich Menschen, Materialien, Visionen. Schulungen und Kurse verhandeln zirkuläre Ästhetiken, vermitteln theoretisches und praktisches Wissen zu Rückbau, Bestandsbewertung, Materialaufbereitung und hybriden Konstruktionen aus nachwachsenden Rohstoffen. Herausforderungen und Probleme beim Umbau werden dort ebenso diskutiert wie Lösungsansätze. In Kombination mit Formaten wie Flohmärkten, offenen Ateliers und Residenzen entsteht ein lebendiger Austausch, der kollektives Wissen stärkt und eine aktive Gemeinschaft wachsen lässt. Als lebendiger Ort des Teilens breitet sich der Umbauhof aus: Es gibt Carsharing für den Transport von Bauteilen und Leihfahrräder, wenn es nur der gerettete Fensterladen war. Werkzeuge, Maschinen, Geräte stehen in einer Bibliothek der Dinge bereit für alle Nutzenden. So lebt der Umbauhof als Ort der Begegnung und des Austauschs, als Experimentierraum der Transformation.

Der Umbauhof versteht sich als öffentliche Infrastruktur und wird durch öffentliche Mittel getragen. Diese Finanzierung gewährleistet seine immerwährende Zugänglichkeit, seine Gemeinwohlorientierung und die unabhängige Weiterentwicklung der Forschung zu zirkulären Umbaupraktiken. Durch kommunale, regionale und staatliche Förderstrukturen kann der Umbauhof als verlässlicher Rahmen für Rückbau, Wiederverwendung und Wissensvermittlung etabliert werden. Die öffentliche Trägerschaft schafft gleichzeitig Planungssicherheit und ermöglicht es, den Umbauhof dauerhaft als gemeinschaftliches Gut im Dienste einer zukunftsfähigen Baukultur zu verankern.

Der Umbauhof kann insbesondere im ländlichen Raum als lokaler Impulsgeber dienen und neue Formen des Handelns und Zusammenarbeitens ermöglichen. Durch die Integration von handwerklichen Tätigkeiten rund um Instandhaltungs-, Rückbau-, Instandsetzungsprozesse und ihre Vermittlung eröffnen sich vielfältige Arbeitsfelder innerhalb der zirkulären Wirtschaft. Neue berufliche Perspektiven im Kontext der Kreislaufwirtschaft entstehen. Als Gefüge einer regionalen, zirkulären Bauwirtschaft vernetzt der Umbauhof Reuse-Organisationen, Handwerksbetriebe, Maschinenbau- und Bauunternehmen, Planungsbüros, Kommunen, Schulen und politische Entscheidungsträger:innen. Durch Kooperationen können neue Technologien zur Materialkunde, Rückbautechnik und zu digitalen Erfassungssystemen entwickelt werden. Die regionale Resilienz wird durch die Wiederverwendung von lokalen Materialien gestärkt und die Abhängigkeit von globalen Lieferketten reduziert.

Um den Umbauhof erfolgreich umzusetzen, sind politische und gesetzliche Anpassungen erforderlich, die den Einsatz von wiederverwendeten Materialien erleichtern und bürokratische Hürden abbauen. Eine zentrale Grundlage dieser Veränderung bildet die Einführung einer neuen Phase in der Honorar- und Bauordnung: der Bedarfsermittlungsphase, der sogenannten *Phase 0*. In ihr werden Umbau- und Wiederverwendungspotenziale ermittelt, zeitliche Diskrepanzen der Bauteilwiederverwendung analysiert und zirkuläre Systeme konzeptionell darauf abgestimmt. Ziel ist ein effizienter, strukturierter und transparenter Übergang vom Materialausbau zum Wiedereinbau. Weiters sind konkrete Maßnahmen in der Gesetzgebung nötig wie die Einführung eines Materialpasses, gezielte Förderprogramme für den Bestandserhalt, eine CO_2-Bepreisung im Bausektor, die Ausweisung von Umbauvorrangzonen, die flächendeckende Einführung einer Prüfpflicht vor Abbruch, die Flexibilisierung von technischen Normen und Gewährleistung, eine strukturelle Verankerung der Umbaukultur in Bildung und Berufsqualifizierung, Vorgaben für Wiederverwendung in Ausschreibungen sowie verpflichtende Potenzialstudien zum Umbau bei Abrissvorhaben. Darüber hinaus sind finanzielle Anreize und Förderprogramme notwendig, um Investitionen in Infrastruktur und technologische Entwicklungen zu unterstützen.

So wie der Umbauhof nur mittels gesetzlicher Anreize etabliert werden kann, so birgt er auch die Chance, aktiv auf deren Weiterentwicklung einzuwirken. Denn wenn Entscheidungsträger:innen aus Gemeinderäten, Landräten, Ministerien, aus Stadtplanungs- und Baubehörden und beratenden Fachgremien aktiv in den Prozess eingebunden werden, können die Erkenntnisse aus dem Umbauhof Gesetzgebung und Bauwirtschaft sinnvoll beeinflussen.

Die architektonische Transformation der Bauhöfe zu Umbauhöfen ist als Experimentierraum des zirkulären Bauens zu verstehen, indem der Umbauhof selbst zum gebauten Beispiel und sichtbaren Träger dieser Praxis wird.

Wenn vorgefundene oder ausgebaute Materialien in neue oder andere Projekte einfließen, verändert sich nicht nur die Planung, sondern auch das Erscheinungsbild des Bauens, der Architektur. Gerade das Erscheinungsbild der Gebäude des Umbauhofs spielt dabei eine zentrale Rolle: Als dauerhaft präsente, öffentlich zugängliche Architektur wird der Umbauhof selbst zum Leuchtturm des zirkulären Bauens und macht Wiederverwendung räumlich und ästhetisch erfahrbar.

Materialien aus verschiedenen Zeiten und Kontexten verweben sich zu Strukturen, die eine eigene, fortgeschriebene Geschichte sichtbar machen. Das Zusammenführen von Materialien aus verschiedenen Quellen wird so zu einem architektonischen Prozess, der durch eine neue ästhetische Annäherung an das Bestehende die Umbaupraxis bereichert. Kontinuierlich wird restauriert und bewahrt. Neue Ästhetiken entwickeln sich, schreiben sich fort und ergänzen einander. Der Umbauhof initiiert, fördert und reflektiert diesen Prozess.

Der Umbauhof fungiert als Brücke zwischen dem notwendigen Rückbau eines Gebäudes und der Wiederverwendung, dem Wiedereinbau seiner Materialien. Diese zeitliche Überbrückung ermöglicht eine sorgfältige Bewertung von Bauteilen und fördert eine nachhaltige und effiziente Planung für Folgeprojekte. Zugleich schafft sie Raum für Experimente, Prototypen und kreative Wiederverwendung, bevor Materialien in neue Bauvorhaben integriert werden. Er ist somit mehr als nur ein logistisches Zentrum für die Lagerung von Bauteilen. Er zeigt, wie eine verlernte Kultur des Erhaltens, Reparierens, Umbauens und Weiterdenkens zur Basis einer nachhaltigen Zukunft werden kann. Er verbindet Orte, Menschen und Materialien und schafft ein gemeinsames Handlungsfeld, das weit über das jetzige Verständnis im Bauwesen hinausweist. Als öffentlich getragene Infrastruktur wird er zu einer Ressource für alle, ein Raum, in dem neue Wege des Umbauens erprobt und lebendige Kreisläufe gestaltet werden. Der Umbauhof steht damit exemplarisch für eine neue Haltung: Bauen als Gemeinschaftsaufgabe und als bewusster Umgang mit dem, was schon da ist.

Abb. 60: Schematische Darstellung der Vision des Umbauhofs: Organisation von Materialflüssen, Arbeitsbereichen und sozialen Räumen innerhalb einer zirkulären Bauinfrastruktur.

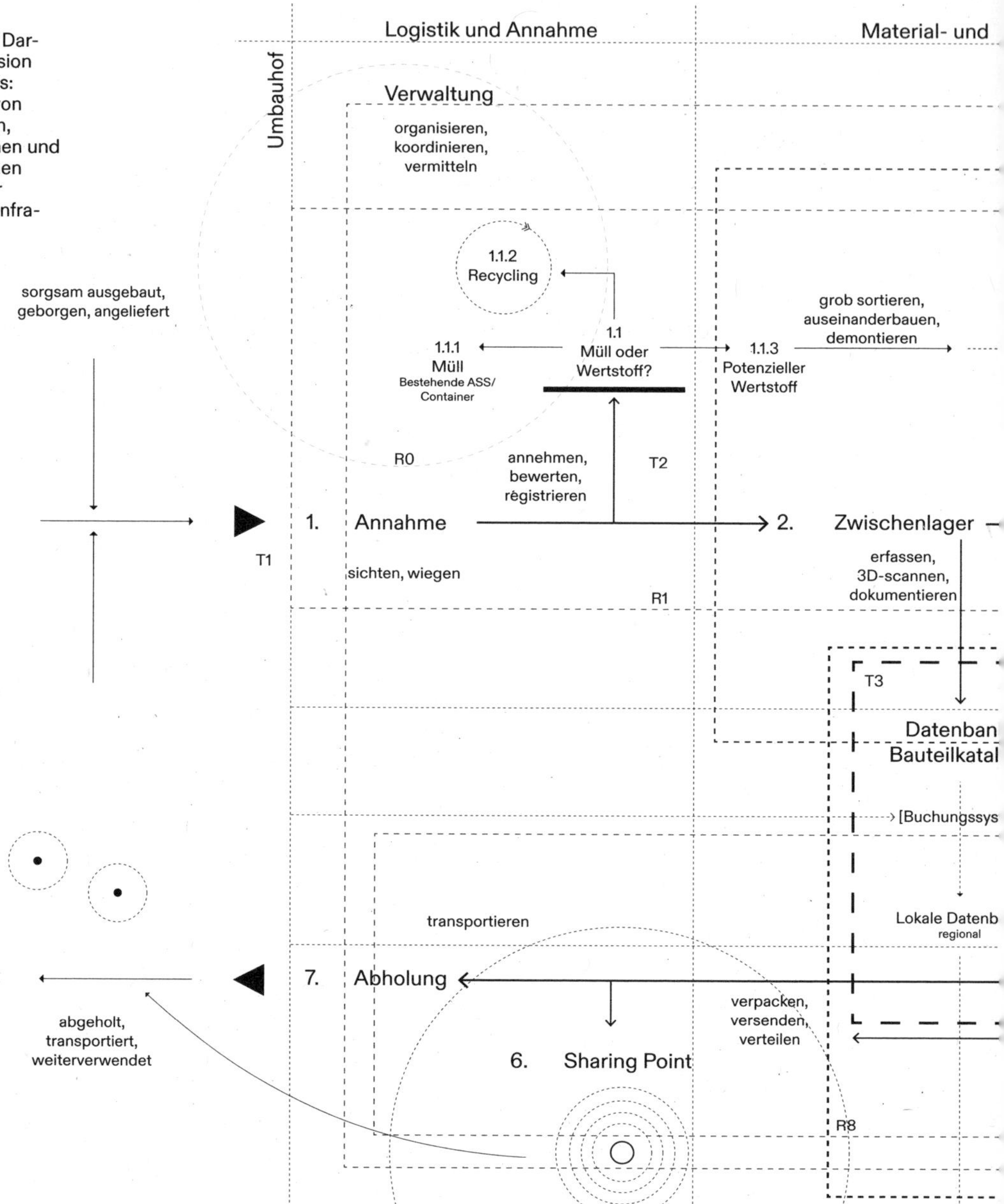

Raum

- R0 Bestehende Altstoffsammelstelle mit verschiedenen Einheiten zur Sammlung von Ressourcen.
- R1 Anlieferungsbereich mit Waage und Verwaltungsgebäude.
- R2 Zwischenlagerfläche zur Lagerung potenzieller Wertstoffe und Bauteile.
- R3 Digitale Plattform zur Erfassung und Verwaltung der Bauteile.
- R4 Die Werkstatt ist räumlich auf die Bedürfnisse von Zimmerleuten und anderen Bauhandwerken abgestimmt. Je nach Region können unterschiedliche Schwerpunkte in Handwerk und Baukultur gesetzt werden.
- R5 Ausbildungsräume und Seminarräume: überdachte, helle und flexibel nutzbare Räume mit Präsentationstechnik.
- R6 Grünes Klassenzimmer: Lernräume im Freien, die sich zum Außenraum öffnen und mit diesem verbinden.
- R7 Schaulager: großmaßstäblicher, überdachter Arbeits- und Lagerbereich mit konstruktiver Ausbildung. Teilweise überlagert sich das Schaulager mit der angrenzenden Werkstatt und dem Zwischenlager. Schwerlast- und Hochregale bilden die Hauptausstattung.
- R8 Stellflächen für Transporter, Lasten- und Leihfahrräder sowie Lagerflächen für Werkzeuge, Maschinen und Geräte.

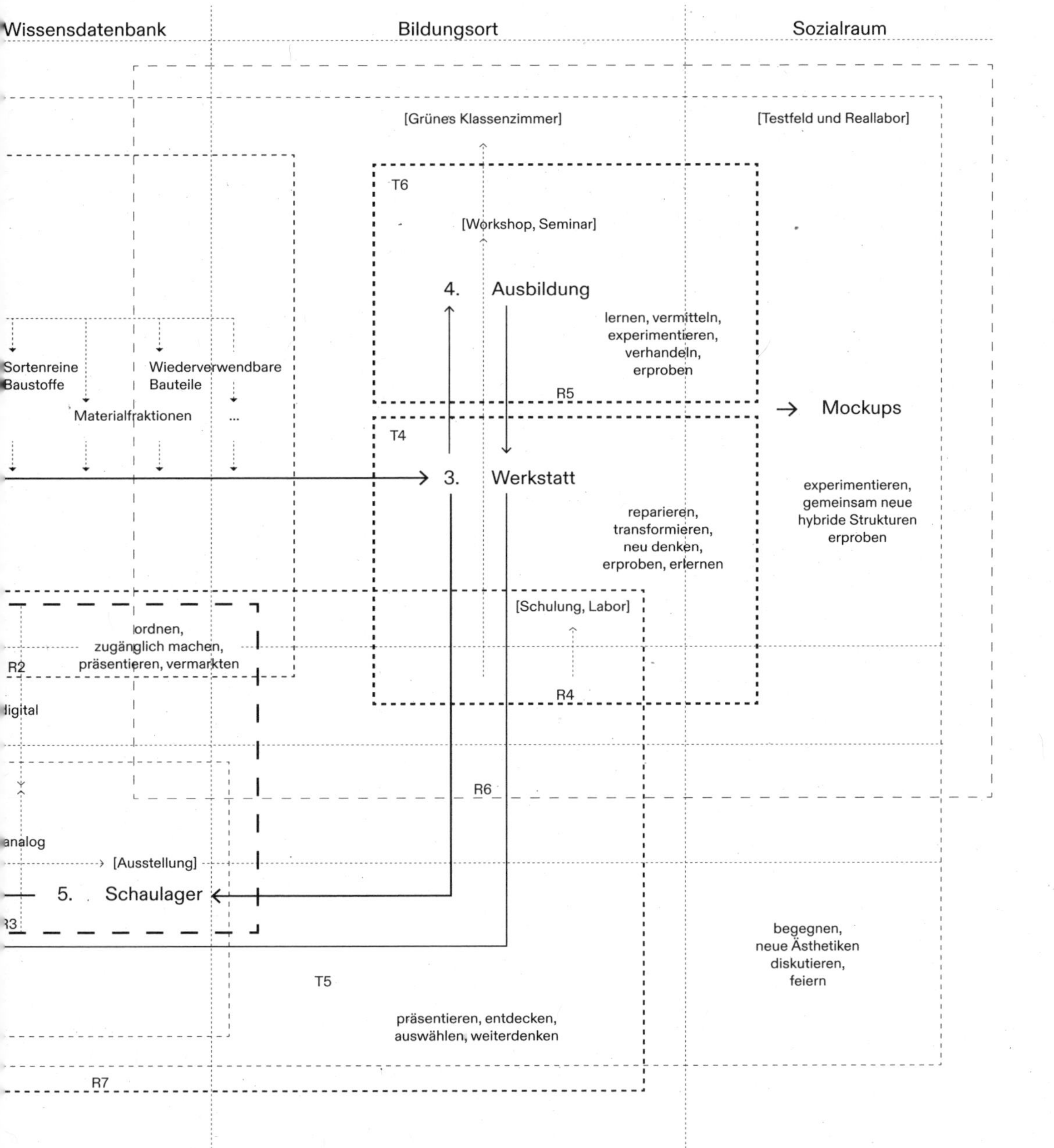

Tätigkeit

T1 Ankunft: Material aus Rück- und Umbauvorhaben trifft ein, wird gesichtet und gewogen.

T2 Annahme: Teile werden geprüft und bewertet. Hier liegt die Schwelle zwischen Müll und Wertstoff.

T3 Digitale Datenbank: Verfügbare Bauteile, ihre Eigenschaften und ihr Zustand sind digital auffind- und reservierbar.

T4 Werkstatt: Bauteile werden repariert, verändert und weitergedacht. Prototypen entstehen, neue Fügetechniken werden erprobt.

T5 Schaulager: Bauteile werden gelagert und präsentiert – bereit zur Weitergabe.

T6 Ausbildung: Eine Kreislaufschule mit Ausstellungen, Seminaren, Workshops, offenen Laboren und grünen Klassenzimmern. Hier begegnen sich Menschen unterschiedlichen Alters und Hintergrunds sowie Materialien und Ideen.

T7 Regional und überregional: Vernetzung und Austausch nach außen.

Schönheit im Wandel oder Wo bleibt da die Architektur?

Astrid Staufer

Vor 15 Jahren, als Irénée Scalbert anlässlich eines Vortrags an der ETH Zürich seinen Essay „Der Architekt als Bricoleur“[1] veröffentlichte, herrschte in unseren Breitengraden noch mehr oder weniger ästhetischer Konsens. In Österreich dominierte seit den frühen 1980er-Jahren der damals als befreiend empfundene *Dekonstruktivismus*, während sich in der Schweiz die *forme forte* den aufkeimenden postmodernen Strömungen entgegenstellte. Beide Tendenzen sahen ihr Schönheitsversprechen in der emphatischen Übertragung von „Wirkungs- und Deutungsweisen der zeitgenössischen Kunst“[2] auf die Architektur, was in den Folgejahrzehnten den Verlust ihrer Selbstreferenzialität beschleunigte. Wie bereits in der frühen Moderne bezog sich diese Architektur nicht mehr auf ihre disziplinäre, von materiellen und kulturellen Faktoren bestimmte Geschichte. Die *starke Form* wurde zum alles dominierenden Leitmotiv, das die jahrtausendealten Voraussetzungen ihrer Konstituierung mehr und mehr verdrängte.

Von dieser Sehnsucht nach visueller Abstraktheit und Reinheit war der Entwurf fortan beseelt: Nachdem die im Wege stehenden Bauten geopfert waren, setzte der Stift auf dem weißen Papier an, um die Welt zu bändigen. Striche formten die visuellen Umrisse, die auf der Baustelle mit Beton gefüllt wurden, um unter ihren homogenen Oberflächen alles zu verbergen: Armierungseisen, Kanalisationen, Leitungsrohre, Bodenheizungen, Kühlungen und Trittschalldämmungen. Boden-, Wand- und Deckenoberflächen wurden vereinheitlicht und geglättet. Kurz: Alles, was Architektur an reichhaltigen und lebendigen Geschichten zu erzählen hätte

1 Scalbert, Irénée. „Der Architekt als Bricoleur“. Essay publiziert auf der Grundlage einer Vorlesung an der ETH Zürich im März 2011. *Candide 4* (2011), S. 69–88.

2 Furrer, Patric. „‚Die starke Form‘ und das malerische Mittel der vertikalen Erweiterung um die Jahrtausendwende“; De Chiffre, Lorenzo. „Die Psychologie der Überflieger. Zur vertikalen Ausdehnung Wiens seit dem Dekonstruktivismus“. In: *Weiterbauen in Stahl. Architektur der Aufstockung*, hrsg. von Daniel Stockhammer/Astrid Staufer/Daniel Meyer, Zürich 2018.

3 Ausrichtung der drei Forschungsplattformen am Forschungsbereich Hochbau und Entwerfen, TU Wien.

4 Lévi-Strauss, Claude. *La pensée sauvage*, Paris 1962 (deutsch: Lévi-Strauss, Claude. *Das wilde Denken*, übers. v. Hans Naumann, Frankfurt am Main 1968).

5 Vgl. Scalbert 2011.

(und was wir gemeinhin Tektonik nennen), wurde von diesem abstrakten Formwillen verschluckt.

Den Klimawandel als Erlöser von dieser Verkümmerung zu zelebrieren, wäre zynisch. Dennoch wird die Krise zur Chance. All das, was die Architekturgeschichte in den letzten Jahrtausenden im ewigen *Stoffwechsel* bereichert hat, kann dank ihr zurückkehren: Transformation, Materialsuffizienz und Hybridbauweisen[3]. Schönheit darf wieder aus der materiellen und technischen Logik der Elemente hervorgehen. Die Not der Ökologie schafft den Raum, um gemeinsam nach einer wieder mehrfachsinnigen und mehrfachsinnlichen Schönheit zu suchen. Uns offeriert der Bestand Geschenke (so man sie sieht) und vorhandenes Material wird zur lebendigen Materie, die wir in ihren vielschichtigen Potenzialen be-greifen können. Es ist diese Materie, mit der wir komponieren. Unser Grundkurs im Bachelorstudiengang Architektur an der TU Wien startet deshalb nicht auf dem weißen Papier, sondern mit und bei dem, was vorhanden ist. Dem Abbruch geweihte Hallen Wiens sind der Stoff, aus dem die Studierendenprojekte entstehen. Dabei treffen Bauteile unterschiedlichster Materialität, Leistungsfähigkeit und Epochenzugehörigkeit unvermittelt aufeinander. Über den konstruktiven Entwurf müssen sie zu räumlich wirksamen Kompositionen verschränkt werden. Wie geht das?

In seinem Essay reflektierte Irénée Scalbert über den „Bricoleur", den Claude Lévi-Strauss in den 1960er-Jahren[4] dem „Ingenieur" gegenübergestellt hatte, um einen Ausweg aus den Irrungen der funktionalistischen und rationalitätsfixierten Moderne aufzuzeigen. Dazu bediente sich Scalbert der Figur des gestrandeten Robinson Crusoe.[5] Den Materialien, die dieser aus dem Wrack berge, füge er in pragmatischer Manier die Ressourcen der Insel hinzu. Das Ergebnis werde aber zwangsläufig ein Kompromiss sein zwischen dem Projekt, das er ursprünglich im Kopf gehabt habe, und den Mitteln, die ihm zur Verfügung stünden: „Bricolage kann keine Form haben, weil sie für den Bricoleur ein Lebensprozess ist. Ebenso wenig kann es eine Philosophie der Bricolage geben, da sie keine Konzepte und Theorien hervorbringt. Stattdessen legt Bricolage Wert auf Flair, Weisheit und Voraussicht, Findigkeit, Täuschung und Aufmerksamkeit, Opportunismus, Fähigkeiten und Erfahrung. Bricolage ist eine Form der Gewitztheit [...]. Der Bricoleur steckt immer hüfttief in der Praxis, nirgends fühlt er sich wohler als zwischen dem Vernünftigen und dem Verständlichen, mit beiden Beinen auf der Erde und dem Kopf in der Luft. Wo bleibt da die Architektur?"

Seit Vitruv wissen wir: Was Architektur sein und Bestand haben will, braucht nebst *utlilitas* und *firmitas* auch *venustas* – Schönheit! Und Schönheit kann nie Kompromiss sein. Die Bricolage muss also mutieren zur Collage, die in einem künstlerischen Verfahren aus dem Gebastel „Baukunst“[6] schafft. So erweckt etwa Pablo Picasso in seiner Collage „Guitare, feuille de musique et verre“ („Gitarre, Notenblatt, Glas“, 1912) durch raffinierte Komposition von Fragmenten wie Textil- und Papierschnipseln, einem Zeitungstitel, einem Notenblatt und einer Skizze eine Gitarre zum Leben. Die mit ihr raumhaltig verzahnte Partitur lässt sie erklingen und ihre runde Schallöffnung wird vor dem meerblauen Fetzen zur aufgehenden Sonne am Horizont.

Interessanterweise greifen wir damit just auf ein Beispiel aus dem Feld jener Kunst zurück, die in den 1980er-Jahren zum eingangs erwähnten Verhängnis für die Entwicklung der Architektur geführt hat. Wenn es nun also darum geht, Bestehendes und Vereinzeltes mit minimalen Mitteln und maximaler Effizienz in starke neue Zusammengehörigkeitsverhältnisse zu bringen, so ist es entscheidend, diesen Prozess mit den der Architektur eigenen Mitteln zu vollziehen und ihn nicht als formalen, sondern als methodischen Akt zu verstehen. Nur so entsteht ein „Zusammenspiel“ alter und neuer Teile, das durch Mehrfachfunktion und Mehrfachsinn[7] überraschenden Mehrwert schaffen kann. Wie bei „Guitare, feuille de musique et verre“ erzeugten die Teile dann nicht nur untereinander in einem Spannungsbogen Resonanz, sondern resonierten darüber hinaus mit einem weiteren Kontext – dem Ort, der Geschichte, der Kultur, der Gesellschaft.

Das Ziel ist klar. Die theoretische Verhandlung dieser neuen Schönheit in der Architektur, die zugleich effizient und listig, aber auch kreislauf- und wandlungsfähig – und unbedingt mehrfachsinnig und mehrfachsinnlich – ist, liegt aber noch vor uns. Sicher ist, dass sich der allwissende Ingenieur und der gewitzte Bricoleur noch mit anderen Figuren werden vereinigen müssen, damit sich eine „gleichzeitige Schönheit“ etablieren kann. Wir alle können und müssen an ihrer Suche teilhaben. Das demonstriert das Projekt „Umbauhof“, das sich nicht als fertige Lösung, sondern als lernendes Modell auf offenen Plattformen versteht. Dieser Weg ist die beste Garantie für eine künftige Schönheit, die nicht erneut als perfekte *äußere* Schönheit Teil und Werk einer Geheimlehre ist, sondern als dynamische *innere* Schönheit allen gehört, die sie nicht mehr nur sehen, sondern auch erleben wollen. Sie verschreibt sich nicht mehr der Erlangung eines vollendeten Formzustands, sondern bezieht ethische, baukulturelle und gesellschaftliche Aspekte mit ein. Über die disziplinären Grenzen hinaus legt sie vielfältige Beziehungen offen und bedient sich einer Architektursprache, die über die Form hinausreichende Zusammenhänge in erschließbaren Narrativen – etwa geschichtliche Spuren oder materielle Wirkungsweisen inszenierend – lesbar macht und nicht unterdrückt. Es

6 „Baukunst meint die Gesamtheit des Bauschaffens, die alle Bauten eines Volks oder einer Epoche umschließt, sofern die Werke eine über die Erfüllung des Zwecks hinausgehende künstlerische Gestaltung oder aber einen tieferen geistigen Hintergrund haben.“ Kroepf, Hans/Bending, Günther. Bildwörterbuch der Architektur. Stuttgart 2005.

7 Vgl. dazu die prophetischen Schriften von Hermann Czech aus den 1970er-Jahren.

wird eine Schönheit sein, die wieder Geschichte(n) erzählen kann. „Die Augen wollen tasten und greifen!“[8] – und dürfen in Zukunft auch wieder be-greifen.

8 Prof. em. Dr. Werner Oechslin in seinen Vorlesungen an der ETH Zürich während meines Studiums.

Astrid Staufer,
TU Wien, Forschungsbereich Hochbau und Entwerfen

1850

Abb. 61 *(S. 158–159)* 07:05 Uhr, das Altstoffsammelzentrum noch unbelebt vor Beginn des Betriebs. Videostill: Umbauhof Eisenstadt.

Abb. 62 *(S. 160–161)* Alle paar Stunden werden die Inhalte der vollen Container zusammengepresst, um Platz zu schaffen. Videostill: Umbauhof Eisenstadt.

Abb. 63 *(S. 162)* Zusammenpacken der Plane als letzter Akt des Pop-up-Umbauhofs. Videostill: Umbauhof Eisenstadt.

Dank

Das asphalt/Kollektiv für Architektur dankt allen Personen und Institutionen, die zur Entstehung dieses Buches und des zugrunde liegenden Projekts beigetragen haben. Unser besonderer Dank gilt dem Architektur Raumburgenland als Projektinitiator unter der künstlerischen Leitung von Nikolaus Gartner für die Schaffung des inhaltlichen und organisatorischen Rahmens dieses Vorhabens. Andrea Kessler von den Materialnomaden danken wir für die engagierte Begleitung der ersten Projektphase, dem Burgenländischen Müllverband für die Ermöglichung dieses Projekts sowie für die Unterstützung der Exkursionen zu den einzelnen Abfallsammelstellen. Ein großer Dank gilt den Bauhöfen Strem und Eisenstadt für ihre Offenheit und Kooperationsbereitschaft, dem gesamten Team für die tatkräftige Hilfe sowie allen Besucher:innen der Pop-up-Umbauhöfe für ihr Interesse und den wertvollen Austausch.

Nachdrücklicher Dank gilt den externen Autor:innen. Erst durch ihre Perspektiven und fachlichen Vertiefungen wurde es möglich, das Thema Umbauhof in seiner inhaltlichen Breite zu entfalten. Ohne ihr Engagement und ihre Bereitschaft zur Mitwirkung wäre dieses Buch in dieser Form nicht entstanden. Unser Dank gilt außerdem den Fördergeber:innen, dem Land Burgenland, dem BMKÖS, der ZV und der Bundeskammer der Ziviltechniker:innen für die Unterstützung. Wir danken dem ganzen Team vom Birkhäuser Verlag herzlich für die redaktionelle Begleitung und das Vertrauen in dieses Projekt. Ein herzlicher Dank geht an Stella Rollny Kucher für die grafische Gestaltung des Buches und Clara Maria Fickl für die fotografische Dokumentation beim Pop-up-Umbauhof Strem. Lieben Dank an Simon Ruof und Benjamin Grabherr für die Interviewführung zum Beitrag *asphalt im Gespräch*.

Abbildungsverzeichnis

Abbildungen Umschlag:
Cover links oben – Clara Maria Fickl;
alle weiteren Abbildungen –
asphalt / Kollektiv für Architektur

Andrea Kessler
Abb. 8

asphalt / Kollektiv für Architektur
Abb. 1, 2, 3, 4, 5, 6, 7, 9, 10, 11, 12, 13, 14, 15, 16, 17, 18, 19, 20, 32, 33, 34, 35, 37, 38, 39, 45, 49, 50, 51, 52, 56, 60, 61, 62, 63 sowie alle Abbildungen auf Seite 136 bis 143

Stewart Brand und Donald Ryan
Abb. 21

Elena Boerman
Abb. 54, 55

Dietrich Erben
Abb. 22, 23, 24, 25, 26, 27, 28, 29, 30, 31

Clara Maria Fickl
Abb. 36, 40, 41, 42, 43, 44, 46, 47, 48

KIT Professur Nachhaltiges Bauen
Abb. 53

Bildarchiv Fränkisches Freilandmuseum Bad Windsheim
Abb. 57

Universalmuseum Joanneum
Abb. 58

Freiburger Münsterbauverein, Fotoarchiv
Abb. 59

Lebensläufe

HERAUSGEBER:INNEN

ARCHITEKTUR RAUMBURGENLAND
Der Architektur Raumburgenland ist Teil der Architekturstiftung Österreich, die seit 1996 als gemeinsame Plattform von den Architekturhäusern der Bundesländer, der Österreichischen Gesellschaft für Architektur (ÖGFA) und der Zentralvereinigung der Architekt:innen Österreichs gegründet wurde. Vom Neusiedler See bis zum Bodensee arbeiten die Architekturhäuser in jedem Bundesland an der Vermittlung regionaler Baukultur für die Menschen vor Ort.
Fragen zur qualitätsvollen Gestaltung unseres Lebensraums zu thematisieren bzw. die für ihr Entstehen notwendigen gesellschaftlichen und rechtlichen Grundlagen aufzubereiten, daran arbeitet der 1993 auf Initiative einiger engagierter Architekt:innen gegründete, unabhängige Verein. Das Spektrum der Aktivitäten umfasst Ausstellungen, Vorträge, Diskussionen, Exkursionen und Architekturvisiten zur Architektur und Baukultur im Burgenland und den angrenzenden Regionen.
Der Architektur Raumburgenland betreibt seit 2013 eine Architekturgalerie im Zentrum von Eisenstadt. Mitten in der Fußgängerzone der Landeshauptstadt stehen die Räumlichkeiten allen offen, die am baukulturellen Geschehen im Burgenland interessiert sind.
raumburgenland.at

NIKOLAUS GARTNER
studierte Architektur in Wien und Neapel. Er sammelte Berufserfahrung in zahlreichen Architekturbüros und ist seit 2023 als Architekturschaffender, Baukulturvermittler und Universitätslektor an der TU Wien tätig. Seit 2024 ist er künstlerischer Leiter des Architektur Raumburgenland und seit 2024 Mitglied im Beirat für Baukultur und Ortsbildpflege des Landes Burgenland. Er beschäftigt sich intensiv mit dem Thema „Bauen am Land“, erhielt 2019 den Fred Sinowatz-Wissenschaftspreis des Landes Burgenland und publizierte 2024 *schilf schneiden. Vom Bauen am Wasser* im Verlag für moderne Kunst.

ASPHALT / KOLLEKTIV FÜR ARCHITEKTUR
asphalt ist ein Architekturbüro, das in den Bereichen Forschung, Lehre und Baupraxis tätig ist. Es entdeckt Potenziale bestehender Räume und Strukturen und hinterfragt etablierte Dynamiken. Ein zentrales Anliegen ist es, die Widersprüche und die Komplexität der Gegenwart darzustellen und zu verräumlichen. asphalt begeistert sich für die Schaffung von Räumen, die den Anforderungen unserer Zeit entsprechen, und versteht Architektur als ein lebendiges, flexibles System, das Impulse für fortschreitende Veränderungen bietet. Mit seiner Arbeit setzt sich das Büro aktiv für einen Wandel in der Architektur- und Bauindustrie ein – hin zu einer sozial, wirtschaftlich und ökologisch gerechten und nachhaltigen Praxis. Diese Prinzipien prägen auch die eigene Arbeitsweise. Das kollektive Entwickeln und der gemeinschaftliche Umgang mit Autorschaft spielen eine zentrale Rolle in der Praxis. 2024 erhielt asphalt den Förderungspreis der Stadt Wien für Architektur.

MARCELLA-MALIN BRUNNER
ist Mitglied von asphalt. Sie studierte Architektur an der Akademie der bildenden Künste Wien, absolvierte Seminare an der Universität für angewandte Kunst Wien und verbrachte ein Semester an der Bezalel Academy of Arts and Design in Jerusalem. Mit dem Lab Applied Foreign Affairs verbrachte sie mehrere Monate in Ghana, wo ihr Interesse an performativer, aktiver Orts- und Raumwahrnehmung und Wirkung in einem landschafts- und platzgestalterischen Projekt zur Umsetzung kam. Von 2024 bis 2025 war sie als Künstlerin Teil der Translokalen Performativen Akademie zwischen Indonesien und Wien.

NATASCHA PEINSIPP
ist Mitglied von asphalt. Sie studierte Architektur an der Technischen Universität Graz und der Akademie der bildenden Künste Wien. Seit 2019 lehrte und forschte sie am Lehrstuhl für Wohnbau, Grundlagen und Entwerfen der Staatlichen Akademie der Bildenden Künste (abk) Stuttgart, am Institut für Gebäudelehre der TU Wien, der Architekturabteilung der Kunstuniversität Linz und am Institut für Architekturtechnologie der TU Graz. Ihr Interesse gilt der Auseinandersetzung und dem Entwurf räumlicher und architektonischer Strukturen und Gesten in Zeiten komplexer gesellschaftlicher Transformationen.

SIMON RUOF
ist Mitglied von asphalt. Er studierte Architektur an der Bauhaus-Universität Weimar, ENSA Montpellier und der abk Stuttgart. Sein Interesse an bestehenden Strukturen brachte ihn immer wieder zurück zum Umbau. Dabei interessiert ihn besonders, wie Material und Architektur mit Erzählung und Geschichte zusammenhängen. Parallel zu asphalt arbeitet er als Stadtentwicklungsplaner für Umbaukultur bei der Landeshauptstadt Stuttgart.

MAURA SCHMITT
ist Mitglied von asphalt. Sie studierte Architektur an der TU Dresden, dem Politecnico di Milano und belegte Seminare an der Akademie der bildenden Künste Wien sowie der Universität für angewandte Kunst Wien. In gemeinsamer künstlerischer Praxis sucht sie nach neuen Perspektiven im Umgang mit dem Bestehenden. Sie lehrte am Forschungsbereich Hochbau und Entwerfen der TU Wien und ist aktuell wissenschaftliche Mitarbeiterin am Institut für Architekturtechnologie der TU Graz.

FELIX STEINHOFF
ist Mitglied von asphalt. Er ist Architekt und studierte Architektur an der abk Stuttgart, an der Mimar Sinan Universität in Istanbul sowie an der Akademie der bildenden Künste Wien. Seine Praxis verbindet Entwurf, Forschung und Lehre mit einem Schwerpunkt auf Umbau und zirkuläre Strategien. Seit 2018 lehrte und forschte er am Lehrstuhl für Wohnbau, Grundlagen und Entwerfen der abk Stuttgart, aktuell am Forschungsbereich Hochbau und Entwerfen der TU Wien sowie an der Abteilung Baukultur der Kunstuniversität Linz.

AUTOR:INNEN

ELENA BOERMAN
ist wissenschaftliche Mitarbeiterin in Lehre und Forschung an der Professur für Nachhaltiges Bauen an der Fakultät für Architektur des Karlsruher Instituts für Technologie (KIT). Sie ist Herausgeberin der Buchpublikation *Vom Bauen mit erneuerbaren Materialien.* (2024, mit Dirk E. Hebel und Sandra Böhm). Gemeinsam mit Sandra Böhm ist sie für die Materialbibliothek der Fakultät für Architektur verantwortlich und engagiert sich in Entwurfskursen und Seminaren für Architekturstudierende mit den Schwerpunkten kreislaufgerechtes Bauen und Einsatz kreislauffähiger Baumaterialien. Sie studierte Architektur am KIT und schloss ihr Studium 2021 mit dem Master mit Auszeichnung ab. Seit 2023 promoviert sie zur Ermittlung und zielgerichteten Absenkung von Treibhausgasemissionen im Bauwesen als Steuerungsinstrument für die Kreislaufwirtschaft in Deutschland.

CLAUDIA BOSSE
lebt in Wien, Berlin und Stockholm und ist Choreografin, Regisseurin und Künstlerin. Sie leitet die transdisziplinäre Konstellation theatercombinat. Ihre Arbeiten verhandeln Formen von Gewalt, Geschichte und konkrete Utopien. Ihre raumfüllenden Choreografien, in denen sie Mythen, Rituale und Texte mit Körpern, Objekten, Klängen und mitunter Chören verwebt, versteht sie als Kunst einer temporären Gemeinschaft – unter Einbeziehung nicht menschlicher Wesen. Sie entwickelt ortsspezifische Performances, Installationen und Interventionen innerhalb und außerhalb Europas, in Museen, architektonischen Räumen, Theatern, Landschaften und urbanen Räumen.

HERMANN CZECH
geboren in Wien, war als Student bei Konrad Wachsmann an der Sommerakademie Salzburg und diplomierte bei Ernst A. Plischke an der Akademie der bildenden Künste Wien. Sein ungleichartiges architektonisches Werk umfasst Stadtplanung, Wohn-, Schul- und Hotelbauten ebenso wie Interventionen kleinen Maßstabs und Ausstellungsgestaltungen. Neben mehreren Gastprofessuren hielt er zahlreiche Vorträge im In- und Ausland, neben einigen Einzelausstellungen nahm er mehrmals an der Architekturbiennale Venedig teil. Unter anderen Auszeichnungen erhielt er 1985 den Preis der Stadt Wien, 2001 den Kunstpreis Berlin und 2024 den Großen Österreichischen Staatspreis. Er ist Autor zahlreicher kritischer und theoretischer Publikationen zur Architektur. In seiner Theorie spielen die Begriffe Umbau und Manierismus eine zentrale Rolle.

DIETRICH ERBEN
studierte Kunstgeschichte, Geschichte und Literaturwissenschaft; nach der Promotion 1994 an der Universität Augsburg war er Stipendiat am Kunsthistorischen Institut in Florenz/Max-Planck-Institut und DFG-Stipendiat. Habilitation 2002 an der ETH Zürich, Departement Architektur. Von 2003 bis 2009 war er Professor für Kunstgeschichte der Frühen Neuzeit an der Ruhr-Universität Bochum. Seit Oktober 2009 ist er Inhaber des Lehrstuhls für Theorie und Geschichte von Architektur, Kunst und Design an der Technischen Universität München. Arbeitsschwerpunkte setzt er in der Kunst- und Architekturgeschichte seit der Frühen Neuzeit, insbesondere der politischen Ikonografie und der Architekturtheorie. Neueste Buchpublikationen: *Humanität und gebaute Umwelt. Essays und Studien zur Architekturgeschichte* (2023) und als Mitherausgeber *Architektur in Transformationsgesellschaften. Zu Geschichte und Gegenwart des Umbaus* (erscheint 2026).

MARIE GRÜTZNER
studierte Architektur an der HTWG in Konstanz sowie an der abk Stuttgart. Bereits in ihrem Masterstudium setzte sie ihren persönlichen Fokus auf das Bauen im Bestand und erhielt 2018 für ihre Abschlussarbeit eine Anerkennung des Hugo-Häring-Nachwuchspreises. Im Stuttgarter Büro strebewerk. Architekten GmbH spezialisierte sie sich einige Jahre auf die Bewahrung und Instandsetzung von denkmalgeschützter Bausubstanz. Als Projektleiterin einer denkmalgerechten Sanierung zweier Fachwerkhäuser bewegte sie sich im Spannungsfeld zwischen Geschichte und Transformation der Gebäude. Seit 2023 ist sie Referentin für nachhaltige Transformation in der Geschäftsstelle des Strategiedialogs *Bezahlbares Wohnen und innovatives Bauen* Baden-Württemberg und beschäftigt sich eingehend mit der Thematik des zirkulären Bauens.

DIRK E. HEBEL
ist Professor für Nachhaltiges Bauen und Prodekan für strategische Weiterentwicklung an der Fakultät für Architektur des Karlsruher Instituts für Technologie. Seine Forschung konzentriert sich auf das kreislauffähige und emissionsfreie Bauen mit Fokus auf neuartige und sortenreine Materialien. Er ist Herausgeber vieler Buchpublikationen, zuletzt *Sortenrein Bauen* (2023, mit Ludwig Wappner et al.) und *Vom Bauen mit erneuerbaren Materialien* (2024, mit Sandra Böhm und Elena Boerman). Als Fakultätsverantwortlicher mit Professor Andreas Wagner gewann er den internationalen Hochschulwettbewerb Solar Decathlon Europe 21/22 als Teil des Teams RoofKIT. Er ist Mitglied im Bund Deutscher Architektinnen und Architekten (BDA) und als praktizierender Architekt im von ihm mitbegründeten Büro 2hs Architekten und Ingenieur mit einem Fokus auf ressourcengerechtem Bauen und kreislaufgerechtem Materialeinsatz tätig.

GEORG HOFMANN
ist seit 2010 Mitarbeiter der Stadt Wien. Von 2010 bis 2021 war er in der Baupolizei als Referent für die Bewilligung von Bauprojekten tätig. Seit 2022 arbeitet er in der Stabsstelle Ressourcenschonung und Nachhaltigkeit im Bauwesen (Magistratsdirektion) und wirkt am stadtinternen Programm *DoTank Circular City Wien 2020–2030 (DTCC30)* mit, das Maßnahmen zur Implementierung einer Kreislaufwirtschaft im Bauwesen entwickelt, koordiniert und steuert. Sein Schwerpunkt liegt auf der Integration zirkulärer Aspekte in regulative Themen der Stadt Wien. Er studierte Architektur an der TU Wien, war in verschiedenen Planungsbüros mit Fokus auf örtliche Bauaufsicht tätig und legte 2009 die Ziviltechnikerprüfung ab. Zudem vertritt er die Stadt Wien im Sachverständigenbeirat der OIB-Richtlinie 7 sowie in verschiedenen ASI-Komitees.

ANDREA KESSLER
ist Mitgründerin der materialnomaden gmbh und der Genossenschaft HarvestMAP – Plattform zur Vermittlung von re:use-Bauteilen, die Planungsprozesse für zirkuläre Architektur und Produktentwicklung im Bauwesen etablieren. Sie studierte Architektur und Visuelle Mediengestaltung (Digital Art) an der Universität für angewandte Kunst Wien bei Zaha Hadid und Peter Weibel, wo sie ihr

interdisziplinäres Studium abschloss. Ihre Praxis verbindet Pionierarbeit in der Kreislaufbauwirtschaft mit Prozessgestaltung von Entwurf bis Umsetzung. Aktuell lehrt sie am Institut für Hochbau und Entwerfen der TU Wien sowie an der Akademie der bildenden Künste Wien. Für ihre Arbeiten erhielt sie u. a. den Preis für experimentelle Tendenzen in der Architektur (2008) und diverse Stipendien im Kontext Gestaltung, Kunst und Architektur, wie das Margarete-Schütte-Lihotzky-Projektstipendium (2020).

PHILIPP KITZBERGER
schreibt, zeichnet, entwirft und verschränkt dabei die drei Bereiche. Er studierte Architektur an der TU Wien und der Universität Aalborg in Dänemark. Neben seiner praktischen Tätigkeit im Architekturbüro widmet er sich der Erweiterung der Disziplin durch die Produktion von Texten und Bildern entlang materiell-zeitlicher Fragestellungen sowie durch die jährliche Herausgabe des kollektiven Journals *A MATTER OF*.

STEFANIE ROITHMAYR
ist seit 2023 Mitarbeiterin der Stabsstelle Ressourcenschonung und Nachhaltigkeit im Bauwesen in der Magistratsdirektion der Stadt Wien. Dort wirkt sie am stadtinternen Programm *DoTank Circular City Wien 2020–2030 (DTCC30)* mit – ein Programm zur Entwicklung, Koordination und Steuerung von Maßnahmen zur Implementierung einer Kreislaufwirtschaft im Bauwesen. Ihr Schwerpunkt liegt dabei unter anderem auf soziökonomischen Aspekten. Sie studierte Natural Resources Management and Ecological Engineering an der Universität für Bodenkultur Wien sowie an der Lincoln University (Neuseeland). Berufliche Stationen führten sie zu Planungsbüros, zur EU-Kommission und ab 2019 zur Wirtschaftsagentur Wien, wo sie als Branchenexpertin für nachhaltiges Bauen und Stadtentwicklung an der Schnittstelle zwischen Wirtschaft, Wissenschaft und Verwaltung tätig war.

ASTRID STAUFER
ist Mitbegründerin des Architekturbüros Staufer & Hasler in Frauenfeld und Zürich. Sie studierte an der ETH Zürich, war Dozentin und Institutsleiterin an der Zürcher Hochschule für Angewandte Wissenschaften, Gastprofessorin an der ETH Zürich und Professorin an der ETH Lausanne. Seit 2011 ist sie Professorin an der TU Wien und leitet dort den Forschungsbereich Hochbau und Entwerfen. Sie engagiert sich, forscht und publiziert regelmäßig zu den unterschiedlichsten Themen der Baukultur, z. B. im *Architektur Klima Atlas*, der 2023 im Verlag Park Books erschienen ist. 2015 erhielt sie den Grand Prix Kunst/Prix Meret Oppenheim des Schweizerischen Bundesamts für Kultur.

Impressum

UMBAUHOF
Ein Ort für die Wiederverwendung von Bauteilen

HERAUSGEBER:INNEN
Architektur Raumburgenland
asphalt / Kollektiv für Architektur

KONZEPT
asphalt / Kollektiv für Architektur

TEXTE
Elena Boerman, Claudia Bosse, Marcella-Malin Brunner, Hermann Czech, Dietrich Erben, Nikolaus Gartner, Marie Grützner, Dirk E. Hebel, Georg Hofmann, Andrea Kessler, Philipp Kitzberger, Natascha Peinsipp, Stefanie Roithmayr, Simon Ruof, Maura Schmitt, Astrid Staufer, Felix Steinhoff

ACQUISITIONS EDITOR
Ria Stein

CONTENT EDITOR
Regina Herr

PRODUCTION EDITOR
Amelie Solbrig

LEKTORAT
Esther Pirchner, Innsbruck

LAYOUT, COVERGESTALTUNG UND SATZ
Stella Rollny Kucher

LITHOGRAFIE
prints professional

DRUCK
Gutenberg Beuys Feindruckerei

PAPIER
Fine's polar rough 300 g
Enviro top 120 g

SCHRIFT
Eduald, Feliciano Type
ABC Diatype, Dinamo

MIT UNTERSTÜTZUNG VON

Bundesministerium Wohnen, Kunst, Kultur, Medien und Sport
Kulturland Burgenland
zt: Bundeskammer der Ziviltechniker:innen | Arch+Ing
ZV Zentralvereinigung der Architekt·innen Österreichs LV Wien·Niederösterreich·Burgenland

Bundesministerium für Wohnen, Kunst, Kultur, Medien und Sport – Sektion IV Kunst und Kultur, Abteilung IV/B/4 – Architektur, Baukultur, Denkmalschutz und UNESCO-Welterbe

Amt der burgenländischen Landesregierung, Abteilung 7 – Bildung, Kultur und Wissenschaft

Bundeskammer der Ziviltechniker:innen

Zentralvereinigung der Architekt:innen Österreichs, Landesverband Wien, Niederösterreich, Burgenland

LIBRARY OF CONGRESS CONTROL NUMBER
2026908661

BIBLIOGRAFISCHE INFORMATION DER DEUTSCHEN NATIONALBIBLIOTHEK
Die Deutsche Nationalbibliothek verzeichnet diese Publikation in der Deutschen Nationalbibliografie; detaillierte bibliografische Daten sind im Internet über http://dnb.dnb.de abrufbar.

ISBN 978-3-0356-3122-7

e-ISBN (PDF) 978-3-0356-3123-4

Im Westfeld 8, 4055 Basel, Schweiz
Ein Unternehmen der
Walter de Gruyter GmbH, Berlin/Boston

www.birkhauser.com
Fragen zur allgemeinen Produktsicherheit
productsafety@degruyterbrill.com

9 8 7 6 5 4 3 2 1

FSC MIX Paper | Supporting responsible forestry FSC® C009051